	DATE DUE		

CLIFFORD D. SIMAK

Titre	Collection	N°
Demain les chiens	*J'ai lu*	373/3
Dans le torrent des siècles	*J'ai lu*	500/4
Au carrefour des étoiles	*J'ai lu*	847/3
Le pêcheur	*J'ai lu*	609/4
Les ingénieurs du cosmos		
Les fleurs pourpres		
La croisade de l'idiot		
Tous les pièges de la Terre		
Chaîne autour du Soleil	*J'ai lu*	814/3
Une certaine odeur		
À pied, à cheval et en fusée		
Le dernier cimetière		
Des souris et des robots		
Le pèlerinage enchanté		
La planète de Shakespeare		
Le principe du loup-garou		
La réserve des lutins		
À chacun ses dieux		
Eterna		
Les enfants de nos enfants		
Les épaves de Tycho	*J'ai lu*	808/2
Une chasse dangereuse	*J'ai lu*	903/4
Héritiers des étoiles		
Mastodonia	*J'ai lu*	956/3
Escarmouche	*J'ai lu*	1005/3
Les visiteurs	*J'ai lu*	1194/3
Projet Vatican XVII	*J'ai lu*	1367/4
La planète aux embûches	*J'ai lu*	1588/3
Au pays du Mal	*J'ai lu*	1781/3
Le chemin de l'éternité	*J'ai lu*	2432/4
La Confrérie du Talisman	*J'ai lu*	2760/4
L'empire des esprits	*J'ai lu*	3926/3
Les fleurs pourpres	*J'ai lu*	4220/5

CLIFFORD D. SIMAK

AU CARREFOUR DES ÉTOILES

TRADUIT DE L'AMÉRICAIN
PAR MICHEL DEUTSCH

ÉDITIONS J'AI LU

Collection créée et dirigée
par Jacques Sadoul

Titre original :

WAY STATION

1

Le vacarme avait maintenant pris fin.

Des volutes de fumée grise, semblables à de minces écharpes de brume, s'élevant de la terre torturée, planaient au-dessus des palissades déchiquetées, des pêchers que l'artillerie avait réduits à l'état de curedents. Le silence, sinon la paix, était retombé sur ces quelques kilomètres carrés de terre où les hommes s'étaient battus.

Là, pendant un temps interminable, d'un horizon à l'autre, le tonnerre avait régné en maître. Des geysers de poussière avaient jailli vers le ciel. Aux hennissements des chevaux se mêlaient les cris gutturaux des hommes, le sifflement des projectiles ponctué de sourdes conflagrations quand ils arrivaient au terme de leur trajectoire. L'éclat meurtrier des rafales se mariait au scintillement de l'acier tandis que, dans le vent, claquaient les bannières multicolores.

Puis tout s'était tu. Et c'était, à présent, le silence.

Mais un silence anormal. Un silence rompu par les plaintes des blessés, par le gémissement des hommes que dévorait la soif, par les prières des agonisants qui imploraient la mort — des pleurs, des appels, des sanglots qui s'éterniseraient pendant des heures sous le chaud soleil de l'été. Enfin, les formes convulsées finiraient par se taire; elles se figeraient, immobiles, tandis que monterait une odeur qui soulèverait le cœur des passants. Peu profondes seraient les tombes.

Les blés ne seraient jamais moissonnés. Au retour du printemps, les arbres ne fleuriraient point. La pente qui s'étirait jusqu'au faîte de la crête était hantée de mots informulés, d'actions avortées. Un désert où la mort hurlait de sa voix de silence.

Des noms pleins de fierté, mais qui n'étaient plus que des sonorités creuses dont l'écho retentirait dans les siècles à venir – la Brigade de Fer, le 5e du New Hampshire, le Ier du Minnesota, le 2e du Massachusetts, le 16e du Maine...

Et Enoch Wallace.

Il étreignait encore son fusil faussé; ses mains étaient hérissées d'échardes et son visage était noir de poudre. Une gangue de boue et de sang recouvrait ses chaussures.

Il vivait encore.

Le Dr Erwin Hardwicke fit rouler son crayon entre ses paumes d'une manière exaspérante. Songeur, il dévisagea l'homme assis en face de lui.

– Ce que je ne comprends pas, dit-il, c'est la raison pour laquelle vous venez nous trouver.

– Vous êtes l'Académie nationale et j'ai pensé que...

– Mais vous, vous êtes les services de Renseignement!

– Ecoutez, docteur... si cela vous met plus à l'aise, nous pouvons appeler cela une visite officieuse. Disons que je suis un simple citoyen qui, se trouvant au pied du mur, s'est adressé à vous dans l'espoir que vous pourrez l'aider.

– Ce n'est pas que je refuse de vous aider. Seulement, je ne vois pas comment. Cette histoire est tellement vague, tellement hypothétique...

— Mais, nom d'un chien, il existe des preuves! s'exclama Claude Lewis. Il y a quand même quelques petits faits que j'ai réunis et que vous ne pouvez pas nier.

— Soit. Recommençons une fois de plus depuis le début et reconstituons toute cette affaire élément par élément. Vous affirmez que vous avez repéré ce bonhomme?

— Il s'appelle Enoch Wallace. Chronologiquement, il est âgé de cent vingt-quatre ans. Il est né dans une ferme située à quelques kilomètres de la ville de Millville, dans le Wisconsin. Le 22 avril 1840. Fils unique de Jedediah et Amanda Wallace. Quand Abraham Lincoln lança son appel aux volontaires, il fut parmi les premiers à s'engager. Il faisait partie de la Brigade de Fer qui fut virtuellement anéantie à Gettysburg en 1863. Mais Wallace parvint, on ne sait comment, à se faire muter dans une autre unité et il combattit en Virginie sous les ordres de Grant. Il était à Appomattox à la fin de la guerre de Sécession.

— Vous avez fait les vérifications d'usage?

— J'ai examiné son dossier. Nous sommes en possession de son acte d'engagement. La pièce se trouve à Madison. Les autres documents, y compris ses papiers de démobilisation, sont ici, à Washington.

— Et vous dites qu'il a l'air d'avoir trente ans?

— Pas un jour de plus. Et on le croirait même plus jeune encore.

— Mais vous ne lui avez pas parlé.

Lewis fit non de la tête.

— Il ne s'agit peut-être pas du même homme. Si vous aviez ses empreintes digitales...

— A l'époque de la guerre de Sécession, dit Lewis, on ne connaissait pas les empreintes digitales.

— Cela fait plusieurs années qu'est mort le dernier vétéran de la guerre de Sécession, reprit Hardwicke. C'était un Confédéré qui avait servi comme tambour, si je me souviens bien. Il y a sûrement une erreur quelque part.

– C'est ce que je pensais moi-même quand on m'a chargé de cette affaire.

– Mais pourquoi cette mission? Pourquoi les Renseignements se trouvaient-ils mêlés à cette histoire?

– Je reconnais que c'est un peu insolite. Mais les implications d'une telle affaire sont si importantes...

– Le problème de l'immortalité... C'est à cela que vous songez?

– Euh... oui... cela nous a peut-être bien traversé l'esprit. Mais ce n'est là qu'un aspect secondaire des choses. Il y avait d'autres considérations. C'était un phénomène étrange méritant qu'on y plonge un peu le nez.

– Mais les Renseignements...

Lewis grimaça un sourire.

– Pourquoi les Renseignements et non une équipe d'hommes de science? C'est cela que vous voulez dire? Je suppose que, logiquement, une équipe scientifique eût été toute désignée. Mais c'est un de nos agents qui a levé le lièvre. Il passait son congé dans le Wisconsin où il avait des parents et il a entendu des bruits – rien que de vagues rumeurs, de simples commérages. Il a cherché à s'informer. Il n'a pas découvert grand-chose. Suffisamment, cependant, pour penser qu'il y avait peut-être bien là, quelque chose à approfondir un tant soit peu.

– C'est bien ce qui m'intrigue, dit Hardwicke. Comment un individu peut-il atteindre l'âge de cent vingt-quatre ans sans devenir une célébrité dont le renom franchit les limites de son village? Cela devrait se savoir universellement. Imaginez la publicité que la presse serait capable de donner à un tel événement!

– Rien que d'y penser, j'en ai des frissons.

– Comment ce silence est-il concevable?

– C'est malaisé à expliquer. Il faut connaître cette

région et ceux qui l'habitent. Le sud-ouest de l'Etat du Wisconsin est borné par deux fleuves, le Mississippi à l'ouest et le Wisconsin au nord. A l'intérieur le pays est plat : la prairie, une terre riche, des fermes et des villes prospères. Mais, dans la zone des cours d'eau, le terrain est accidenté : de hautes collines, des à-pics, des ravins profonds, des falaises escarpées. Il y a là des enclaves isolées, coupées du reste du monde. Le réseau routier est insuffisant et les petites fermes rudimentaires abritent des gens plus proches de l'âge des pionniers que du XXe siècle. Evidemment, ils ont des voitures, ils ont la radio et, un jour, ils auront sans doute aussi la télévision. Mais, intellectuellement parlant, c'est une population rétrograde où l'esprit de clan est encore très vif. Tous les gens ne sont pas comme cela, évidemment. Je dirai même qu'il ne s'agit en fait que d'une minorité. Néanmoins, il existe des îlots isolés.

» Autrefois, dans ces enclaves, il y avait un grand nombre d'exploitations agricoles mais, de nos jours, on ne peut guère gagner sa vie dans ces petites fermes. Les conditions économiques déterminent un lent exode. Les fermiers vendent leurs terres au plus offrant et s'en vont. Ils s'installent surtout dans les villes où il est plus facile de gagner son pain.

Hardwicke hocha la tête.

– De sorte que, bien entendu, ceux qui restent sont les plus arriérés, les plus attachés à l'esprit de clan?

– Exactement. A l'heure qu'il est, la quasi-totalité des terres est détenue par des propriétaires absentéistes qui ne feignent même pas de la travailler. A la rigueur, ils peuvent élever quelques têtes de bétail mais cela ne va pas plus loin. Sur le plan fiscal, c'est une solution qui présente un certain intérêt : une grande partie des biens fonciers est hypothéquée à l'heure actuelle.

– Que cherchez-vous à m'expliquer? Que la population rétrograde du Wisconsin pratique la conspiration du silence?

Lewis hésita.

– La formule est un peu brutale. C'est plutôt sa façon d'être. Un vestige de la mentalité des pionniers d'antan. On ne s'occupe pas des affaires d'autrui. On n'aime pas qu'on vienne vous embêter et on n'embête pas le voisin. Si un gars prétend vivre dix siècles, c'est peut-être prodigieux, mais ça le regarde. Et s'il a envie d'être seul et qu'on lui fiche la paix, eh bien, ce sont ses oignons. Les gens en parlent peut-être entre eux. Mais seulement entre eux. Si un étranger cherche à mettre les pieds dans le plat, ils sont furieux.

» Je suppose que, au bout de quelque temps, ils se sont habitués à l'idée que Wallace restait jeune tandis qu'ils vieillissaient, eux. Et les nouvelles générations ont accepté le fait parce que les aînés l'admettaient tout naturellement. D'ailleurs, ce Wallace se montre assez peu. Il vit dans un isolement rigoureux.

» Et, dans les environs, cette histoire, lorsque du moins on y pensait, faisait l'effet d'un de ces trucs invraisemblables ne méritant même pas qu'on s'en inquiète. On n'y voyait qu'un canular et celui qui aurait cherché à aller au fond des choses se serait couvert de ridicule, voilà tout.

– Pourtant, votre agent a enquêté.

– Oui. Mais ne me demandez pas pourquoi.

– On ne l'a pas chargé de suivre l'affaire?

– Il a reçu une autre mission. On avait besoin de lui ailleurs. N'importe comment, il était connu dans le coin.

– Et vous?

– Il y a deux ans que je suis branché là-dessus.

Mais, à présent, vous êtes au courant?

– Pas entièrement. Nous nous posons plus de questions aujourd'hui qu'au début.

– Vous avez vu ce Wallace?

– A plusieurs reprises mais je ne lui ai jamais adressé la parole et je ne crois pas qu'il m'ait jamais vu. Tous les jours, avant d'aller chercher son courrier, il fait une petite promenade. C'est que, voyez-vous, il ne s'absente jamais. Le facteur lui apporte tout ce dont il a besoin : un sac de farine, une livre de lard, une douzaine d'œufs, des cigares, parfois un peu d'alcool.

– C'est absolument contraire aux règlements postaux!

– Certes, mais il y a des années que le préposé lui rend ce service. Les facteurs sont sans doute les seuls amis qu'il ait jamais eus.

– Si je vous suis bien, votre Wallace ne s'occupe guère d'agriculture.

– Il a un petit potager où il fait pousser quelques légumes mais ça s'arrête là. Son domaine est en friche.

– Il faut pourtant bien qu'il vive. Il doit certainement avoir une source de revenus.

– Oui. Tous les cinq ans ou tous les dix ans il expédie des pierres précieuses à New York.

– C'est légal?

– Vous pensez à une histoire de recel? Non, je ne crois pas. Si l'on voulait fourrer son nez là-dedans, je suppose que la justice y aurait son mot à dire, certes. Ce n'est pas très légal. Il n'en allait pas ainsi à l'époque où il s'est lancé dans ce trafic. Mais les lois changent et j'ai la conviction que le vendeur et l'acheteur contreviennent à une foule de règlements.

– Et vous n'attachez pas une importance particulière à ce genre de transaction?

– Bien sûr que si! J'ai interrogé les dirigeants de la société à laquelle il fait ses envois. Je les ai d'ailleurs trouvés assez mal à l'aise. En premier lieu, ils volent l'ami Wallace comme au coin d'un bois. Je leur ai dit de continuer de faire affaire avec lui et de me prévenir immédiatement si quelqu'un s'amenait pour leur poser des questions. Et je leur ai recommandé de la boucler et de faire comme si de rien n'était.

– Vous ne voulez pas effrayer le bonhomme, hein?

– Tout juste. Je tiens à ce que tout demeure comme s'il n'y avait pas anguille sous roche. Et ne me demandez pas d'où proviennent ces pierres : je n'en sais rien.

– Peut-être est-il propriétaire d'une mine.

– Eh bien, ce doit être un drôle de filon! Des diamants, des rubis, des émeraudes... Ce serait une mine où l'on trouverait vraiment de tout, mon cher.

– Même s'il se fait arnaquer, ça doit lui rapporter un joli paquet.

Lewis acquiesça.

– Il semble qu'il ne négocie ses cailloux que quand il est à court d'argent. Il a peu de besoins. Et, à en juger d'après ses achats alimentaires, il vit sur un pied des plus modestes. Cependant, il est abonné à quantité de journaux et de magazines, sans compter des dizaines de revues scientifiques. Et il achète des livres à la pelle.

– Quel genre de livres? Des manuels techniques?

– En partie, bien sûr. Mais surtout des bouquins consacrés aux disciplines en plein développement. Physique, chimie, biologie – rien que des machins comme ça.

– Mais je ne...

– Dame! Moi non plus! Ce n'est pas un savant. Il n'a même pas eu de formation scientifique. A l'époque où il fréquentait l'école, la science avait la portion congrue. Et l'éducation scientifique de l'époque n'avait guère de points communs avec celle d'aujourd'hui. D'ailleurs, ce qu'il aurait pu acquérir comme connaissances en ce domaine n'aurait plus guère de valeur à l'heure actuelle. D'après nos renseignements, c'était néanmoins un adolescent brillant.

Hardwicke hocha la tête.

– Cela paraît incroyable. Vous avez vérifié tout cela?

– J'ai fait de mon mieux. Il a fallu agir avec beaucoup de prudence pour ne pas éveiller les soupçons. Ah... j'oubliais un détail : il écrit énormément. Il achète de gros registres à la douzaine. Et il commande son encre par bouteilles d'un litre.

Hardwicke se leva et se mit à faire les cent pas dans la pièce.

– Si vous ne m'aviez pas montré les documents vous accréditant et si je ne les avais pas épluchés, Lewis, je penserais qu'il ne s'agit là que d'une farce de mauvais goût.

Il reprit place derrière son bureau et commença à faire rouler son crayon entre ses paumes.

– Il y a deux ans que vous enquêtez, reprit-il. Vous n'avez pas trouvé d'explications?

– Pas une. Je suis complètement dans l'impasse. C'est pour cela que je suis venu vous trouver.

– Parlez-moi de lui. Qu'a-t-il fait après la guerre de Sécession?

– Quand il en est revenu, sa mère était morte. Elle était enterrée à côté de la ferme. C'était la coutume, en ce temps-là. Les choses se passaient entre voisins. Wallace a eu un congé mais il est arrivé trop tard. On ne se déplaçait pas rapidement à l'époque. Alors, il a rejoint son unité. Pour autant qu'on le sache, ce fut la seule permission dont il ait jamais bénéficié. Son père, à partir de ce moment, vécut seul et s'occupa seul de sa ferme. Très bien, d'ailleurs. D'après mes informations, c'était un agriculteur remarquablement doué. Il était abonné à diverses gazettes spécialisées et avait des idées révolutionnaires. Il s'intéressait à des choses comme la rotation des cultures et l'érosion des sols. En fonction de nos critères modernes, son exploitation laissait évidemment à désirer; n'empêche qu'elle lui permettait de vivre et même de mettre un peu d'argent de côté.

» Après la guerre, Enoch travailla avec lui pendant un an ou deux. Le père acheta une faucheuse – un engin à traction animale avec une lame qui coupait le foin ou les épis. C'était son côté progressiste. L'engin faisait beaucoup plus de travail qu'une simple faux.

» Un soir, le bonhomme s'en fut faucher un pré. Les chevaux s'emballèrent. Quelque chose les avait sans doute effrayés. Toujours est-il que le père Wallace fut précipité en bas de son siège. Il tomba juste devant la lame. Une mort atroce...

Hardwicke fit une grimace.

– Horrible, murmura-t-il.

– Enoch ramena le corps de son père à la ferme. Puis il prit un fusil et partit à la recherche des chevaux. Il les retrouva à la limite du champ, les abattit tous les deux et les laissa là où ils étaient tombés. Il les y laissa... à la lettre : leurs squelettes restèrent des années dans le pré à l'endroit où il les avait tués. Toujours attelés à la faucheuse. Jusqu'à ce que les harnais pourrissent.

» Sa vengeance accomplie, Enoch rentra à la maison. Il fit la toilette du mort, le revêtit de son complet des dimanches, l'allongea sur une planche et se rendit dans le hangar où il confectionna un cercueil. Ensuite, il creusa une fosse près de la tombe de sa mère. Il termina son ouvrage à la lueur d'une lanterne. Puis il veilla le défunt. Au matin, il alla prévenir son voisin le plus proche, qui annonça la nouvelle à d'autres. Quelqu'un alla quérir un prêtre. Les funérailles eurent lieu à la fin de l'après-midi. Depuis, Enoch est resté cloîtré dans la ferme. Il n'a jamais travaillé la terre. A l'exception de son potager, bien sûr.

– Vous me disiez tout à l'heure que les gens du pays n'étaient pas bavards. Il me semble que vous en avez quand même appris pas mal sur le compte de votre ermite.

– Il m'a fallu deux ans pour cela. Je me suis infiltré au sein de la population locale. J'ai acheté une vieille guimbarde et je me suis rendu à Millville où j'ai laissé entendre que je cherchais du ginseng.

– Du quoi?

– Du ginseng. C'est une plante.

– Oui, je sais. Mais il y a belle lurette qu'il n'existe plus de marché pour le ginseng.

– Si, il y a encore un marché limité et occasionnel. On trouve à en exporter un peu. Mais je cherchais également d'autres plantes médicinales et prétendais les connaître à fond, elles et leur usage. Je ne faisais d'ailleurs pas que prétendre : j'avais sérieusement potassé la question.

– Vous jouiez les âmes simples, quoi? Une chose que les indigènes pouvaient comprendre. Une sorte de régression atavique, en quelque sorte. Et, de surcroît, vous faisiez figure de personnage inoffensif. Un type qui avait peut-être un petit grain...

Lewis fit oui de la tête.

– Cela a même mieux marché que je ne l'espérais. Je me baladais un peu partout et les gens me parlaient. J'ai même trouvé du ginseng. Je suis tombé en particulier sur une famille, les Fisher. Ils habitent près de la rivière, juste en dessous de la ferme Wallace qui est perchée tout en haut d'un escarpement. Ils sont installés là depuis aussi longtemps que les Wallace, ou presque, mais ce sont des gens d'un tout autre acabit : ça chasse le raton laveur, ça pêche le poisson-chat, ça fait de la distillation clandestine, le tout en famille. Je leur ai donné l'impression d'être de la même race qu'eux. J'étais aussi flemmard et aussi insignifiant. Je leur donnais un coup de main pour l'alcool. Pour le fabriquer et pour le boire. Et, de temps à autre, je les aidais quand ils faisaient un peu de colportage. Je pêchais avec eux. Ils m'ont indiqué un ou deux endroits où poussait le ginseng. Pour un sociologue, les Fisher seraient probablement une mine d'or. Il y a une fille, sourde et muette mais belle comme un ange; elle a le don de guérir les verrues.

– Je connais ce genre de créatures. Je suis né et j'ai été élevé dans les montagnes du Sud.

– Ce sont eux qui m'ont parlé de la faucheuse et des chevaux. Un jour, je me suis rendu jusqu'au pré et j'ai creusé. J'ai trouvé un crâne de cheval et divers ossements.

– Mais étaient-ce bien les restes des bêtes de Wallace?

– Peut-être pas. Seulement, j'ai également exhumé une partie de la faucheuse. Il n'en restait pas grand-chose. Assez toutefois pour l'identifier.

– Revenons à votre histoire. Après la mort de son père, Enoch est donc demeuré à la ferme. Il ne l'a jamais quittée?

Lewis hocha la tête.

– Il y habite toujours. Rien n'y a changé. Et la maison n'a apparemment pas davantage vieilli que l'homme.

– Vous y êtes entré?

– J'y suis allé. Mais je n'y ai pas pénétré. Je vais vous expliquer comment cela s'est passé.

2

Il avait une heure devant lui. Il en était certain parce qu'il y avait dix jours qu'il observait Enoch. Et, entre le moment où celui-ci sortait de la ferme et celui où il y revenait avec son courrier, il ne s'était jamais écoulé moins d'une heure. Parfois, son absence se prolongeait un peu – soit parce que le courrier était en retard, soit parce qu'il parlait avec le facteur. Toujours est-il que Lewis était assuré de pouvoir disposer d'une heure.

Wallace était descendu le long du versant de la crête, en direction de la pointe rocheuse surmontant les éboulis au pied desquels coulait le Wisconsin. Il escaladerait les rochers et s'immobiliserait, le fusil sous le bras, pour examiner la vallée désertique. Puis il reprendrait sa marche, s'engagerait dans le chemin forestier où, au printemps, foisonnait la marjolaine. Le terrain, à nouveau, s'élèverait. L'homme passerait devant la source à flanc de coteau, juste au-dessus du champ abandonné depuis un siècle et plus, atteindrait la route presque entièrement recouverte par la végétation et parviendrait finalement à la boîte aux lettres.

Jamais, depuis dix jours que Lewis le surveillait, Wallace n'avait varié son itinéraire. Et l'enquêteur avait l'impression qu'il n'avait jamais changé de route au cours des années. Il ne se hâtait pas. Il marchait comme s'il avait l'éternité devant lui. Et de temps en temps, il s'arrêtait pour renouer connaissance avec de vieux amis : un arbre, un écureuil, une fleur. C'était un garçon vigoureux avec encore quelque chose de militaire dans l'attitude – une façon d'être acquise au temps de ses campagnes. Il tenait la tête très droite, bombait le torse, et son pas souple était celui de quelqu'un qui a connu les marches forcées.

Lewis émergea du fouillis de broussailles qui avaient été jadis un verger. Quelques arbres tordus que l'âge avait rendu grisâtres portaient encore au bout de leurs branches noueuses de petites pommes acides, toutes ratatinées.

Il fit halte à la limite des taillis et considéra la maison plantée un peu plus loin, au sommet d'un piton.

L'espace d'un instant, il eut l'impression qu'elle était auréolée d'une lumière particulière – comme si les rayons du soleil se faisaient plus subtils au-dessus d'elle, et d'elle seule. Et, baignée par cette lumière, la demeure paraissait de quelque mystérieuse façon étrangère à la terre. En marge. Puis cette luminosité insolite, pour autant qu'elle eût jamais été réelle, ne fut plus là et la ferme demeura tout banalement éclairée par le soleil de tous les jours qui inondait les champs et les bois.

Lewis secoua la tête. Il rêvait! Ou avait été le jouet d'une illusion d'optique. Car le soleil n'est jamais que le soleil. Et cette maison n'était qu'une maison. Quoique dans un état de conservation tenant du prodige.

C'était une bâtisse comme on n'en voit plus guère de nos jours : rectangulaire, longue, étroite et haute, les chéneaux et les pignons ornés de décorations prétentieuses et démodées. Il y avait quelque chose d'un peu lugubre en elle mais cela n'avait rien à voir avec l'âge. Elle était ainsi depuis le jour où elle avait été construite. Triste, massive et robuste. A l'image de ses occupants.

Lugubre peut-être mais remarquablement nette et propre; la peinture ne s'écaillait pas, les intempéries n'avaient pas laissé de traces et l'on ne remarquait aucun signe de dégradation.

A un bout de l'édifice s'appuyait une construction de plus petite taille. Rien de plus qu'une remise rapportée qu'on eût dit transplantée en ce lieu et plaquée contre la façade où la porte était percée. La porte qui donnait dans la cuisine, peut-être, songea Lewis. Manifestement, cet appentis avait été utilisé comme débarras; on devait y laisser les vêtements de travail, les galoches, les bottes; il devait y avoir des tréteaux pour les bidons de lait et les seaux. Une corbeille à œufs aussi, sans doute. En haut du toit se dressait un tuyau de cheminée.

Lewis s'avança en direction de la maison. Il fit le

tour du hangar. Remarquant une porte entrebâillée, il l'ouvrit complètement et eut la surprise de se trouver dans une chambre.

Ce n'était pas une simple remise mais, apparemment, l'endroit où vivait Enoch Wallace.

Dans un angle était installé le fourneau dont la cheminée se dressait au-dessus du toit. Un antique fourneau, plus petit que les cuisinières d'antan. Une cafetière, une poêle à frire, un gril étaient posés sur la plaque. D'autres ustensiles de cuisine étaient accrochés à une planche. Contre le mur opposé était poussé un lit à colonnes recouvert d'une courtepointe molletonnée, un de ces manteaux d'Arlequin multicolores dont raffolaient les dames de l'autre siècle. Dans un autre coin, une chaise et une table surmontée d'un petit placard béant où s'empilaient quelques assiettes; sur la table trônait une lampe à pétrole cabossée par l'usage mais dont le verre étincelait comme s'il avait été astiqué le matin même. La mèche en était soigneusement égalisée.

Il n'y avait pas de porte communiquant avec la maison et rien ne permettait de penser qu'il en eût jamais existé. Aucune solution de continuité dans la muraille extérieure de la ferme qui constituait le quatrième mur du hangar.

Incroyable, se dit Lewis. Incroyable qu'il n'y eût pas de porte, incroyable que Wallace vécût dans cet appentis alors qu'il avait une maison tout entière à sa disposition. Peut-être avait-il une raison précise pour ne pas l'occuper mais tenait à être installé à proximité? A moins que, par mesure de pénitence, Enoch végétât dans ce hangar comme un ermite du Moyen Age dans une cabane au milieu des bois ou dans une grotte en plein désert...

Lewis balaya la pièce du regard dans l'espoir de trouver un indice confirmant cette hypothèse. Mais il ne vit rien d'autre que les objets indispensables à l'existence — à une existence élémentaire : le fourneau où l'on fait la cuisine et qui fournit sa chaleur, le lit où l'on dort, la table sur laquelle on mange, la lampe avec laquelle on s'éclaire. Rien de plus. Pas même un chapeau (quoique, en y réfléchissant, Wallace n'en portait pas), ou une veste de rechange.

Ni magazines ni journaux, alors que Wallace ne revenait jamais de sa boîte à lettres les mains vides : il était abonné au *New York Times,* au *Wall Street Journal,* au *Christian Science Monitor* et au *Washington Star,* sans compter de nombreuses revues scientifiques et techniques. Mais aucune trace de ces feuilles non plus que des livres que Wallace achetait en quantité. Aucune trace, non plus, des épais registres qu'il se faisait expédier. Rien à lire. Pas de quoi écrire.

Peut-être, se disait Lewis, peut-être que, pour Dieu sait quelle obscure raison, le hangar n'était qu'un simple décor, un lieu soigneusement aménagé pour faire croire qu'il s'agissait d'un foyer. Qui sait si, en définitive, Enoch n'habitait pas purement et simplement la maison? Mais, en ce cas, à quoi bon tant d'efforts, et des efforts pas tellement convaincants, pour donner l'impression qu'il ne l'occupait pas?

Lewis sortit de l'appentis, contourna la maison et fit halte devant les marches conduisant au porche d'entrée. Il regarda autour de lui. Tout était paisible. Le soleil poursuivait sa course dans le ciel; il commençait à faire chaud.

L'enquêteur jeta un coup d'œil sur sa montre; il lui restait quarante minutes. Escaladant le perron, il alla jusqu'à la porte, empoigna le bouton et le fit tourner. Mais le bouton ne tourna pas : il conserva sa position première. Seule la main de Lewis avait bougé.

Surpris, il fit une nouvelle tentative tout aussi vaine. On eût dit que le bouton était recouvert d'un revêtement dur et glissant, comme une pellicule de glace, sur lequel les doigts patinaient sans résultat.

Se baissant, Lewis examina attentivement la poignée mais il n'y remarqua rien de particulier. Elle avait l'air parfaitement normal. Trop normal, peut-être : le bouton était idéalement propre. Comme s'il avait été nettoyé et astiqué de frais. Pas un grain de poussière, pas une tache d'humidité.

Lewis l'éprouva de l'ongle du pouce : son ongle glissa sans laisser la moindre marque. Il tâta le panneau de la paume; le bois avait le même poli de miroir que le bouton de porte. Sa main n'avait pas prise sur cette surface antifriction où, cependant, on ne distinguait pas de trace de graisse. Rien ne semblait devoir justifier le phénomène.

Renonçant, Lewis s'en fut étudier le mur de bardeau : c'était exactement la même chose. La maison tout entière était recouverte d'un enduit, d'une sorte de vernis si réfractaire que la poussière ne s'y attachait même pas et que l'exposition aux intempéries ne parvenait pas à le ternir.

Il suivit le porche et arriva devant une fenêtre. Alors, il remarqua une chose qui lui avait échappé jusque-là. Une chose qui contribuait à donner à la ferme un aspect plus inquiétant encore que celui qu'elle avait naturellement : les fenêtres étaient noires.

Elles n'avaient ni voilage, ni rideaux, ni contrevents. C'étaient de simples rectangles couleur d'encre, des orbites vides béant dans le crâne qu'était cette bâtisse.

Il colla son visage contre la vitre, la main en visière pour se protéger du soleil. Mais il ne distinguait rien à l'intérieur de la pièce. Sinon un puits de ténèbres où ne jouait pas le moindre reflet.

Il ne voyait même pas sa propre image renvoyée par le verre. Tout se passait comme si la fenêtre absorbait la lumière incidente, l'aspirait et la capturait sans la réfléchir.

Lentement, Lewis fit le tour de la maison, les sens en

alerte. Toutes les fenêtres étaient aveugles. Tous les murs étaient comme revêtus d'une pellicule dure et glissante. Il frappa le bardeau à coups de poing : il eut l'impression de taper sur du rocher. Les pierres de la maçonnerie étaient jointées au ciment; leur surface était irrégulière mais, passant la main dessus, Lewis n'éprouvait pas la rugosité du matériau. Une substance invisible recouvrait les moellons, effaçant même leurs anfractuosités et leurs aspérités. Mais cette matière était indécelable. C'était en quelque sorte une matière immatérielle.

Lewis se redressa et consulta sa montre. Il ne lui restait plus que dix minutes. Il fallait partir.

Il regagna le verger en friche. Avant de s'y enfoncer, il se retourna. La maison n'était plus la même. Ce n'était plus une simple construction. Elle avait une personnalité. Un regard. Un regard railleur et sournoisement narquois. Quelque chose de malveillant. De menaçant.

Lewis battit en retraite, évitant les branches. Il tomba en arrêt devant un arbre déraciné, sans doute depuis bien des années à la suite de quelque orage. Il fit un crochet pour l'éviter et, tout en marchant, cueillit quelques pommes rabougries, choisies au hasard. Il mordit dans chacun des fruits et les jeta au fur et à mesure : tous étaient immangeables, comme si le sol à l'abandon les avait gorgés de fiel.

Au bout du verger, il trouva des tombes, qu'une palissade entourait. Là, les herbes folles s'élevaient moins haut et la barrière elle-même semblait avoir été récemment réparée. Au pied de chaque tombe, surmontée d'une pierre grossière, étaient plantées des pivoines qui avaient poussé de façon désordonnée au cours des ans. Il y avait trois tombes.

Lewis comprit qu'il se trouvait dans le cimetière de la famille Wallace.

Mais il n'aurait dû y avoir que deux sépultures. Que venait faire la troisième?

Il franchit la porte démantibulée qui s'ouvrit dans la palissade et examina les inscriptions gravées sur les pierres tombales. Angulaires, malhabiles, elles avaient de toute évidence été exécutées par quelqu'un qui n'était pas habitué au travail du ciseau. Pas de pieuses exhortations, pas de versets dévots; ni angelots, ni agneaux, ni aucune de ces images symboliques en vogue dans les années 1860. Rien que des noms et des dates.

Sur la première, on lisait :

Amanda Wallace – 1821-1863.

Sur la seconde :

Jedediah Wallace – 1816-1865.

Et sur la troisième...

3

– Prêtez-moi votre crayon, je vous prie, dit Lewis.

Hardwicke lui tendit l'objet qu'il faisait rouler entre ses paumes.

– Voulez-vous aussi du papier?

– S'il vous plaît.

Il se pencha sur le bureau et la mine courut rapidement sur la feuille.

– Voilà, fit-il en la présentant à Hardwicke.

Celui-ci plissa le front.

– Mais cela n'a aucun sens. Sauf ce signe, en bas.

– Le 8 horizontal? Oui. Le symbole de l'infini.

– Mais le reste?

— Pas la moindre idée! C'est l'inscription gravée sur la troisième tombe. Je l'ai recopiée.

— Vous la connaissez par cœur?

— Depuis le temps que je l'étudie, c'est bien normal.

— De ma vie, je n'ai jamais rien vu qui ressemble de près ou de loin à cela. Evidemment, je ne suis pas une autorité en la matière. L'épigraphie est un domaine où je suis fort ignorant.

— Vous pouvez vous tranquilliser! Personne n'y comprend quoi que ce soit. Cette inscription n'évoque aucune langue ni aucun glyphe connu, même de très loin. Je m'en suis assuré auprès de spécialistes. Et j'en ai consulté des dizaines. Je leur racontais que je l'avais découverte sur un rocher. Je suis à peu près certain qu'ils me prenaient pour un de ces toqués qui s'efforcent de prouver qu'il y a eu des établissements romains, phéniciens, irlandais ou Dieu sait quoi encore dans l'Amérique précolombienne.

Hardwicke posa la feuille devant lui.

— Je commence à comprendre ce que vous vouliez dire quand vous m'affirmiez que vous vous trouvez aujourd'hui en face de questions plus nombreuses qu'au début de votre enquête. Il ne s'agit pas seulement d'un jeune homme de cent vingt-quatre ans. Il y a aussi le problème de la substance dont la maison est enrobée. Et celui de la troisième tombe et de son inscription indéchiffrable. Vous n'avez jamais parlé avec Wallace, m'avez-vous dit?

— Personne ne parle avec lui, sauf le facteur. Quand il va faire sa balade quotidienne, il part avec son fusil.

— Les gens ont-ils peur de lui?

— Vous voulez dire... à cause de son fusil?

— Euh... eh bien, oui, j'avais sans doute cette arrière-pensée en vous demandant cela. Je cherchais pour quelle raison il le prend avec lui.

Lewis secoua la tête.

– Je n'en sais rien. J'ai essayé de la trouver, cette raison. A ma connaissance, il n'a jamais tiré un coup de feu. Mais je ne pense pas que ce soit parce qu'il est armé qu'on ne lui parle pas. Enoch Wallace représente un anachronisme vivant. Le vestige d'un autre âge. On ne le craint pas, j'en suis certain. C'est une présence trop familière pour inspirer la peur. Il y a bien trop longtemps qu'il est là. Il fait partie du paysage, au même titre qu'un arbre ou un rocher. Et pourtant, les gens ne se sentent pas à leur aise devant lui. Pourquoi? Parce qu'il est quelque chose qu'ils ne sont pas. Il est à la fois plus et moins qu'eux. Comme un homme qui se serait dépouillé de son humanité. Je crois que beaucoup de ses voisins sont peut-être secrètement un peu mortifiés parce qu'il a, par des voies mystérieuses, peut-être immondes, échappé à la vieillesse qui est un des châtiments de l'homme mais aussi un de ses droits. Il n'est pas impossible que ce sentiment de honte cachée explique la mauvaise volonté qu'ils manifestent pour parler de lui à des étrangers comme vous et moi.

– Vous avez consacré beaucoup de temps à l'observer?

– Pendant une période, oui. Mais je dispose maintenant d'une équipe. Nous avons une dizaine de points stratégiques dans les environs. Nous nous relayons. La maison de Wallace est surveillée en permanence. Vingt-quatre heures sur vingt-quatre, soixante minutes par heure.

– J'ai l'impression que cette affaire préoccupe sérieusement les gens de chez vous.

– Ce n'est pas sans raison. Car il y a encore autre chose.

Lewis ouvrit sa serviette et en sortit un jeu de photos qu'il tendit à Hardwicke.

– Que pensez-vous de cela?

Hardwicke baissa les yeux sur les clichés. Il parut se

pétrifier et son visage blêmit. Les mains tremblantes, il reposa doucement les photos devant lui. Il n'avait regardé que celle qui se trouvait sur le dessus du paquet.

Lewis devina la question qu'il allait formuler.

— Dans la troisième tombe, dit-il. Celle dont la pierre porte cette curieuse inscription.

La machine à messages émit un sifflement strident. Enoch Wallace repoussa le registre sur lequel il écrivait et quitta le bureau. La machine se trouvait de l'autre côté de la pièce. Il enclencha un bouton, enfonça une touche. Le sifflement se tut, remplacé par un faible bourdonnement, et le message, d'abord pâle, puis de plus en plus noir, se forma sur l'écran :

N° 406301 A STATION 18327. VOYAGEUR A 16097-38. ORIGINAIRE THUBAN VI. PAS DE BAGAGES. CUVE N° 3. SOLUTION 27. DEPART DIRECTION STATION 12792 A 16439-16. VEUILLEZ CONFIRMER.

Enoch jeta un coup d'œil sur le grand chronomètre galactique fixé au mur. A peu près trois heures de délai.

Il toucha une manette et un mince support métallique sortit de l'appareil avec le message. Le double prit automatiquement place dans le compartiment des archives. Il y eut un bref chuintement et l'écran redevint vierge.

Enoch attira à lui la plaque métallique; elle portait une double perforation correspondante à deux tigelles pour le classement. Quand tout fut en ordre, il tendit la main vers le clavier et rédigea la réponse : N° 406301 REÇU. CONFIRMATION PROVISOIRE. Son message s'inscrivit sur l'écran. Il l'y laissa.

Thuban VI? Etait-il déja venu quelqu'un de là-bas? Dès qu'il en aurait terminé avec les formalités habituelles, il vérifierait.

En règle générale, quand il s'agissait de cuves, les

visites n'offraient guère d'intérêt. Très difficile d'engager la conversation, dans ces cas-là, car, le plus souvent, les concepts linguistiques de ce genre de créatures étaient trop compliqués. Et, tout aussi fréquemment, leurs processus intellectuels eux-mêmes se révélaient trop différents pour que la communication pût s'instaurer.

Ce n'était cependant pas toujours vrai. Enoch se rappelait un voyageur qui avait transité plusieurs années auparavant. Il venait de la région d'Hydra. (A moins que ce ne fût du secteur des Hyades?) Ils avaient passé la nuit ensemble et Wallace avait bien failli ne pas l'expédier à temps. Tous deux avaient bavardé pendant des heures et, à travers leurs échanges (car on ne pouvait appeler cela des paroles), ils avaient découvert pendant le bref laps de temps qui leur était imparti qu'ils avaient beaucoup de choses en commun. Une camaraderie. Voire une sorte de fraternité.

Il (ou elle?) n'était jamais revenu. C'était ainsi. Il était très rare qu'ils reviennent. Dans leur écrasante majorité, ils ne faisaient que passer.

Mais Enoch avait tout noté noir sur blanc. Il le faisait toujours. Il lui avait fallu presque toute la journée du lendemain pour rédiger le compte rendu de l'événement, il s'en souvenait. Pour ne rien omettre : les récits que le visiteur lui avait faits, les brefs aperçus d'une terre lointaine, belle, excitant sa curiosité (parce qu'il lui était presque impossible de la concevoir), cette chaude amitié qui s'était nouée entre lui et cette créature d'ailleurs informe et laide. Il pouvait à son gré, à n'importe quelle heure du jour ou de la nuit, aller chercher son journal de bord et revivre les instants passés en compagnie de l'extra-terrestre. Mais il ne l'avait pas fait. Bizarre, songeait Enoch. Je n'ai jamais le temps (ou il semble que je ne l'aie pas), de feuilleter ces registres, de relire les rapports que j'établis depuis tant d'années.

Il s'en fut chercher une cuve 3 qu'il mit soigneusement en place sous le matérialisateur. Après l'avoir verrouillée, il libéra le tube flexible, fit glisser le chercheur du sélecteur devant le n° 27 et remplit le récipient.

Quand l'opération fut terminée, il revint à la machine et tapa un nouveau message signalant que tout était prêt pour l'arrivée du voyageur de Thuban. Quand il eut reçu l'accusé de réception, il remit l'engin au point neutre. La machine était à nouveau prête à enregistrer.

Il s'approcha du classeur installé près de son bureau et ouvrit un tiroir bourré de fiches. Il en trouva une au nom de Thuban VI, datée du 22 août 1931. Enoch s'avança vers le mur opposé, sur les rayonnages duquel étaient empilés livres, revues et magazines. Il y en avait jusqu'au plafond. Il trouva le registre qu'il cherchait et regagna le bureau.

Le 22 août 1931 avait été une journée particulièrement peu chargée : un seul voyageur, celui de Thuban VI. Et, bien que la page fût presque entièrement noircie par ses pattes de mouche, Enoch n'avait consacré qu'un paragraphe à son visiteur :

Ai réceptionné aujourd'hui une goutte en provenance de Thuban VI. Il n'y a pas d'autre mot pour décrire cet être. C'est une simple masse de matière, de chair probablement, apparemment soumise à des changements morphologiques cycliques. En effet, cet amas globulaire tend à s'aplatir périodiquement et à prendre un aspect qui fait penser à une crêpe. A ce moment, il repose au fond de la cuve. Il se contracte alors et redevient sphérique. La transformation est relativement lente et obéit sans conteste à un rythme interne mais uniquement dans la mesure où le processus se conforme à une loi fixe. Ce rythme ne semble pas lié au temps. J'ai essayé de mesurer la durée des phases de transformation mais sans parvenir à déterminer de rapports temporels. La plus courte période cyclique est de sept minutes et la plus longue de dix-huit. Peut-être une observation prolongée permettrait-elle de discerner un rythme chronique mais je disposais d'un temps trop limité. Le traducteur sémantique s'est révélé inutilisable. J'ai simplement perçu une série de petits crissements assimilables à des grincements de dents. Mais la créature était selon toute apparence dépourvue de dents. Le manuel de pasimologie que j'ai alors consulté m'a appris qu'elle essayait de me dire qu'elle allait bien, qu'elle n'avait pas besoin que je m'occupe d'elle et souhaitait que je la laisse tranquille. Ce que j'ai fait.

Une annotation était rajoutée en bas du paragraphe, dans l'interligne : *Voir 16-10-31* (1).

Enoch feuilleta le journal. Le 16 octobre 1931 avait eu lieu une tournée d'inspection d'Ulysse.

Bien sûr, Ulysse ne s'appelait pas Ulysse. A la vérité, il ne portait pas de nom. Ceux de sa race n'en avaient pas besoin : ils possédaient un autre système d'identification infiniment plus riche. Mais la base même de leur terminologie ne pouvait être appréhendée par les êtres humains.

– Je vous appellerai Ulysse, lui avait dit Enoch lors de leur première rencontre. Il m'est nécessaire de vous donner un nom.

– Il sonne bien, avait répondu l'étrange créature (étrange, elle l'était à l'époque, mais elle avait cessé de l'être depuis). Mais puis-je vous demander pourquoi ce nom d'Ulysse?

– Parce que c'était celui d'un grand homme de ma race.

(1) Allusion au général U. Grant, chef des armées nordistes et organisateur de leur victoire. (N.D.T.)

– Je suis heureux que vous ayez choisi ce nom. Je lui trouve un accent noble et majestueux. Appelez-moi donc Ulysse. Et moi, je vous appellerai Enoch car nous allons être appelés à travailler tous ensemble pendant un grand nombre de vos années.

Oui, cela faisait de nombreuses années, rêvait Enoch. Son journal était ouvert devant lui à la page du 16 octobre 1931, cette page qu'il avait écrite il y avait plus de trente ans. Des années satisfaisantes. Enrichissantes, plus enrichissantes que personne n'aurait pu l'imaginer avant.

Et cela continuerait plus longtemps encore. Pendant des siècles. Un millénaire peut-être. Que ne saurait-il pas au bout de mille ans!

Quoique savoir n'était pas ce qu'il y avait de plus important.

Et rien ne devait transpirer car il y avait des gêneurs, à présent. Des guetteurs à l'affût. Un, en tout cas. Ce type qui faisait mine de chercher du ginseng. Quelle action envisager? Comment faire face au péril? Wallace n'en avait aucune idée pour le moment. Il fallait attendre que sonne l'heure des décisions. C'était une chose qui devait fatalement survenir un jour ou l'autre. Il était même étonnant qu'elle ne fût pas arrivée plus tôt.

Il avait parlé de ce danger à Ulysse dès leur toute première rencontre. Il revoyait la scène aussi clairement que si elle datait seulement de la veille. Oui... il était assis sur les marches du porche...

4

Il était assis sur les marches du porche. C'était la fin de l'après-midi. Il contemplait les gros cumulus blancs qui s'amoncelaient dans le ciel de l'autre côté du fleuve, derrière les collines.

La journée avait été étouffante sans un souffle d'air. Dans la basse-cour, une demi-douzaine de poulets crottés grattaient la terre, apparemment davantage pour le plaisir de se donner du mouvement que pour trouver pâture. Le froufrou des ailes des moineaux, allant et venant des pignons de la grange à la haie de chèvrefeuille séparant le champ de la route, avait un son sec et rugueux comme si la chaleur avait raidi les plumes des oiseaux.

Et Enoch, assis sur les marches, rêvassait en regardant les nuages alors qu'il y avait du travail à faire : labourer le champ de blé, rentrer le foin, faucher l'avoine...

Parce que, envers et contre tout, on a quand même sa vie à vivre! Il faut tirer le meilleur parti des jours qui passent. C'était là une leçon qu'Enoch aurait dû apprendre au cours des dernières années. Mais, à la guerre, c'était autre chose. A la guerre, on sait ce qui arrive. Et on l'accepte. On est disponible. Seulement, la guerre était maintenant finie. C'était la paix.

Et dans un monde où règne la paix, on est en droit de la trouver vraiment, cette paix, d'être protégé de la violence et de ses horreurs.

Or, Enoch était seul, plus seul qu'il ne l'avait encore jamais été. S'il pouvait y avoir un recommencement, ce serait maintenant ou jamais. Et peut-être fallait-il qu'il y en eût un. Mais que ce soit dans le domaine familial ou autre part qu'il ait lieu, le renouveau serait encore placé sous le signe de la tristesse et de la douleur.

Assis sur les marches, les mains sur les genoux, Enoch contemplait les nuages qui s'accumulaient à l'ouest. Peut-être étaient-ils un présage de pluie. La terre avait besoin d'eau. Mais il se pouvait aussi qu'ils ne crèvent pas car, au-dessus des vallées confluentes, les courants étaient capricieux. Personne n'était capable d'affirmer avec certitude que l'orage éclaterait ou n'éclaterait pas.

Enoch ne vit l'étranger que lorsque celui-ci eut franchi la grille. C'était un homme grand et sec; ses vêtements étaient couverts de poussière. Apparemment, il avait fait une longue route. Enoch le laissa approcher sans faire un mouvement, toujours installé sur les marches.

– Bonjour, monsieur, finit-il par dire. Il fait bien chaud pour marcher. Voulez-vous vous asseoir quelques instants?

– Très volontiers. Mais pourrais-je avoir un verre d'eau?

Enoch se mit debout.

– Je vais vous en pomper de la fraîche.

La pompe était de l'autre côté du poulailler. Enoch décrocha le louchon, le tendit à l'inconnu et commença à manœuvrer le levier.

– On va la laisser couler un peu. Il faut un moment pour qu'elle soit vraiment froide.

L'eau jaillissant du dégorgeoir éclaboussait les planches dressées contre le mur.

– Croyez-vous qu'il va pleuvoir? demanda le voyageur.

– Personne ne peut savoir. Il faut attendre.

L'étranger avait quelque chose de troublant. Quoi? Impossible de mettre le doigt dessus mais c'était quelque chose de vaguement insolite qui vous mettait mal à l'aise. Enoch l'étudiait attentivement tout en pompant. Décidément, cela devait tenir à ces oreilles dont l'extrémité était un rien trop pointu. C'est ton imagination qui te joue des tours, finit par conclure Wallace : en effet, au second examen, les oreilles de l'inconnu lui parurent on ne peut plus normales.

– Elle devrait être suffisamment fraîche, maintenant, fit Enoch.

Le voyageur plaça le louchon sous le jet; quand le récipient fut rempli, il le présenta à Enoch mais ce dernier eut un geste de dénégation.

– Buvez le premier. Vous en avez plus besoin que moi.

L'inconnu étancha avidement sa soif non sans répandre une grande partie du liquide sur sa poitrine.

– En voulez-vous encore?

– Non merci. Mais si vous voulez, je vais vous aider pendant que vous vous servirez.

Enoch recommença de pomper tandis que l'autre replaçait le louchon sous le bec. Il le tendit à son hôte. L'eau était froide et Enoch, se rendant soudain compte qu'il avait soif depuis longtemps, l'avala presque jusqu'à la dernière goutte. Puis il raccrocha le louchon et dit :

– A présent, venez vous reposer.

– Ce n'est pas de refus.

Wallace tira de sa poche un grand mouchoir rouge et s'épongea.

– Ce qu'il fait lourd, murmura-t-il. Je ne serais pas étonné qu'il se mette à pleuvoir.

Et, comme il s'essuyait le front, il comprit brusquement pourquoi le voyageur lui avait causé cette impression étrange : en dépit de ses vêtements poussiéreux et de ses chaussures poudreuses qui attestaient une longue étape à pied, en dépit de la chaleur orageuse, l'inconnu ne transpirait pas. Il était frais et dispos comme s'il se trouvait à l'ombre d'un arbre par un jour de printemps.

Enoch remit son mouchoir en poche et, le voyageur sur ses pas, regagna le perron. Tous deux s'assirent sur les marches.

– Vous devez venir de très loin, lança Enoch avec une curiosité discrète.

– De très loin, en effet. Je suis à une sacrée distance de chez moi.

— Et vous avez encore une longue route à faire?

— Non, répondit l'étranger. Non, je crois que je suis arrivé là où il fallait que j'aille.

— Vous voulez dire...

Mais Enoch laissa sa phrase en suspens.

L'étranger reprit :

— Je veux dire : ici. Sur ces marches. J'étais à la recherche d'un homme et je pense que vous êtes cet homme. Je ne connaissais pas son nom, j'ignorais où je le rencontrerais, mais je savais que je le trouverais un jour ou l'autre. Et voilà qui est fait.

— Moi? fit Enoch, sidéré. C'est moi que vous cherchiez? Mais pourquoi?

— Il fallait que cet homme présentât diverses caractéristiques. Entre autres, qu'il eût tourné ses regards vers les étoiles et se fût posé des questions à leur sujet.

— Cela m'est effectivement arrivé, dit Enoch. Bien souvent, bivouaquant dans les champs, enroulé dans ma couverture, j'ai regardé les étoiles en me demandant ce qu'elles étaient, comment il se fait qu'elles se trouvent là-haut et, surtout, pourquoi. J'ai entendu dire que chacune est un soleil semblable à celui qui brille sur la Terre. Mais je n'en sais rien et je suppose que personne ne sait grand-chose à ce sujet.

— Il y a des gens qui savent.

— Vous, peut-être? fit Enoch d'un ton légèrement railleur car l'inconnu n'avait pas l'air d'un homme qui eût des lumières particulières.

— Oui, répondit l'étranger. Quoique je n'en sache pas autant que beaucoup d'autres.

— Je me suis parfois demandé si, pour autant que les étoiles sont des soleils, il ne pourrait pas exister d'autres planètes. Et d'autres gens, aussi.

Il se rappelait les nuits de bivouac devant le feu de camp. On bavardait pour passer le temps. Un jour, il avait lancé cette idée : il y avait peut-être d'autres gens sur d'autres planètes tournant autour d'autres soleils. Tout le monde avait ri et on s'était longtemps moqué de lui. Il n'avait plus jamais reparlé de cela bien que, au fond, il n'attachât pas beaucoup d'importance à son hypothèse. Ce n'était qu'une de ces spéculations qui naissent autour d'un feu de camp.

Et voilà qu'il en reparlait. Et, qui plus est, à quelqu'un qu'il ne connaissait ni d'Eve ni d'Adam.

– Le croyez-vous? demanda l'étranger.

– Ce n'était qu'une idée en l'air.

– Pas si en l'air que cela. Il existe d'autres planètes. Il existe d'autres gens. Je suis l'un d'eux.

– Mais vous...

Le cri d'Enoch s'étrangla dans sa gorge.

Car le visage de l'étranger venait de se fendre en deux et sous ce masque qui commençait à se défaire, Wallace entr'apercevait un autre visage. Qui n'était pas un visage humain.

Au moment où cette face se dépouillait totalement de son apparence superficielle, un éclair formidable traversa le ciel tandis qu'un assourdissant coup de tonnerre ébranlait la terre. La pluie se mit à crépiter sur les tuiles.

5

C'est ainsi que tout avait commencé, il y avait près d'un siècle. Les rêveries de bivouac étaient devenues une solide réalité.

La Terre était maintenant marquée sur les cartes galactiques; c'était un relais qu'empruntaient des foules de voyageurs stellaires. Au début, ceux-ci étaient des étrangers pour Enoch. Mais il n'en allait plus ainsi, à présent. Etrangers, cela ne voulait plus rien dire. Quelle que soit leur forme, quel que soit le but de leurs pérégrinations, ils étaient des gens.

Enoch ramena son attention sur le registre du journal ouvert à la page du 16 octobre 1931 et parcourut rapidement le texte qui y était couché. Voilà... c'était là, à la fin : *Selon Ulysse, les habitants de Thuban VI sont peut-être les plus grands mathématiciens de la galaxie. Il semble qu'ils ont élaboré un système numérique supérieur à tous ceux qui existent, particulièrement précieux pour les statistiques.*

Enoch referma le livre et se carra confortablement dans son siège. Les statisticiens de Mizar X sont-ils au courant des travaux des Thubains? se demandait-il. Peut-être. Une partie des mathématiques qu'ils utilisent est certainement non traditionnelle.

Repoussant le registre, il fouilla dans un tiroir pour en extraire son diagramme qu'il étala sur le bureau et examina d'un air soucieux. Si seulement il pouvait être sûr! Si seulement il connaissait mieux la science des statisticiens de Mizar! Il y avait plus de dix ans qu'il travaillait à ce tableau, en vérifiant et en contrôlant chaque facteur en fonction du système mizarien, s'efforçant inlassablement de déterminer si ces facteurs étaient bien ceux qu'il fallait faire intervenir.

Il martela le bureau de son poing crispé. Ah! si seulement il pouvait être sûr! Si seulement il pouvait parler à quelqu'un!

Mais c'était là une chose à laquelle il ne s'était jamais résolu, car ç'aurait été proclamer l'impuissance même de la race humaine.

Et Enoch était toujours un humain. Bizarre, songeat-il, qu'il restât humain; qu'après avoir été pendant plus d'un siècle en contact avec des êtres venus de tant d'étoiles différentes, il fût, encore et toujours, un homme de la Terre.

Car ses liens avec la Terre étaient rompus. Le vieux Winslowe Grant, le facteur, était le seul humain avec lequel il parlait. Les voisins le fuyaient. Il n'y avait personne – à moins de tenir compte des guetteurs, que d'ailleurs il voyait rarement : il ne faisait que les entr'apercevoir, il ne connaisait d'eux que les endroits où ils étaient passés.

Rien que le vieux Winslowe Grant, Mary et les autres fantômes qui, parfois, venaient peupler sa solitude.

A cela se limitait la Terre pour Enoch Wallace. Le vieux Winslowe, les créatures de l'ombre et les champs qui entouraient la maison – mais pas la maison elle-même : maintenant, celle-ci était étrangère.

Enoch ferma les yeux et essaya de se rappeler comment était la maison, jadis.

Ici, à l'endroit où il se trouvait pour l'instant, il y avait une cuisine avec, dans son coin, l'énorme, le monstrueux fourneau noir; le foyer que l'on distinguait à travers la grille ressemblait à une mâchoire de feu. Poussée contre le mur, il y avait la table où ses parents et lui prenaient leurs repas. Il la revoyait, toute dressée : le vinaigrier, le verre contenant les cuillers, le plateau avec la moutarde, le raifort et la sauce aux piments trônant au beau milieu de la nappe à carreaux rouges.

Il se souvenait d'un soir d'hiver. Sa mère préparait le souper devant le fourneau. Assis par terre, il jouait avec ses cubes. Il ne devait pas avoir plus de trois ou quatre ans à l'époque. Dehors, le vent hululait plaintivement entre les cornières du toit. Son père était rentré – il venait de traire les vaches – et un tourbillon de neige s'était engouffré dans la pièce. Puis la porte s'était refermée; le vent et la neige avaient cessé d'être, bannis dans les ténèbres de la solitude de la nuit. Le père avait posé le seau de lait sur la pierre à évier. Sa barbe et ses sourcils étaient blancs de neige et des cristaux scintillaient dans sa moustache.

Enoch se concentra sur cette image figeant les trois personnages comme les mannequins de cire pétrifiés d'un musée d'histoire : son père avec ses moustaches durcies par le gel et ses grandes bottes de feutre lui arrivant aux genoux; sa mère, rendue cramoisie par la chaleur du fourneau, coiffée d'un bonnet de dentelle; et lui-même, assis par terre au milieu de la cuisine, en train de jouer avec ses cubes.

Il y avait un détail particulièrement net, dans son souvenir. La grosse lampe posée sur la table dessinait un cercle de lumière sur le calendrier illustré accroché au mur derrière elle.

La gravure représentait le Père Noël filant sur son traîneau au milieu de la forêt dont les habitants s'étaient rassemblés sur son passage. Le lune, toute ronde, flottait au-dessus des arbres et un épais tapis de neige recouvrait le sol. Deux lapins assis sur leur derrière contemplaient le Père Noël d'un regard noyé; près d'eux se tenait une biche et, un peu plus loin, il y avait un raton laveur à la queue annelée; on voyait, perchés côte à côte sur une branche, un écureuil et une mésange. Le Père Noël levait haut son fouet en manière de salut. Il avait des joues rouges et un sourire épanoui. Les rennes qui tiraient le traîneau avaient fière allure.

Tout au long de ces années, ce Père Noël datant du milieu du XIXe siècle avait ainsi glissé sur les ailes du temps, le fouet joyeusement brandi pour saluer le petit peuple des bois. Et la tache d'or de la lampe l'accompagnait, toujours aussi brillante sur le mur.

Ainsi y a-t-il des choses qui durent, songeait Enoch – le souvenir d'une cuisine douillette et chaude par une nuit d'hiver balayée par la tempête.

Mais cette pérennité n'était que celle de l'esprit car rien d'autre que l'esprit ne dure. Il n'y avait plus de cuisine, à présent. Le salon, son divan démodé, son fauteuil à bascule n'existaient plus. Ni la pièce au fond, tendue de velours et de soie. Ni la chambre d'amis au premier, ni les chambres à coucher au second.

Rien de cela n'existait plus. Il n'y avait plus qu'une pièce unique dans la vieille maison.

Le second étage avait été supprimé. Les cloisons avaient été démantelées. Plus qu'une seule et vaste salle. D'un côté, c'était la station galactique, de l'autre le logement de son gardien : un lit, un fourneau fonctionnant selon les principes inconnus des hommes de la Terre, un réfrigérateur d'origine extra-terrestre. Les murs étaient garnis de placards et d'étagères où s'empilaient magazines, journaux et revues.

Il restait quand même un vestige du passé, la seule chose qu'Enoch n'avait pas permis aux non-humains qui avaient construit la station de faire disparaître : la massive cheminée de brique qui, autrefois, était l'ornement du salon. Elle était toujours à sa place, témoin des jours anciens, avec son revêtement de chêne que le père de Wallace avait taillé dans un tronc et dressé de ses mains.

Sur le manteau de la cheminée, comme sur les rayons et la table, étaient éparpillés des objets venus d'ailleurs et dont certains n'avaient de nom dans aucune langue terrestre; c'étaient les cadeaux offerts au gardien de la station par les voyageurs qui y avaient fait escale. Il y avait là des articles utilitaires, d'autres dont la fonction était purement esthétique. Et il y en avait aussi quelques-uns totalement inutiles, soit qu'ils ne pussent servir à un membre de la race humaine, soit qu'il fût impossible de les faire fonctionner sur la Terre. Sans compter beaucoup d'autres encore dont la destination échappait totalement à Enoch qui les avait reçus, un peu perplexe, en remerciant avec embarras les créatures bien intentionnées qui les lui avaient apportés.

Tout le reste de la pièce était occupé par un colossal appareillage atteignant la hauteur de ce qui avait été le second étage : c'était le *dispatcher* stellaire qui projetait les voyageurs sur les routes de l'espace.

Une auberge. Un gîte d'étape. Une plaque tournante galactique. Le carrefour des étoiles.

Enoch réenroula son diagramme et le rangea dans le bureau, puis il remit le registre à sa place.

Il jeta un coup d'œil sur la pendule galactique. Il était temps de sortir.

Il repoussa le fauteuil, enfila sa veste, décrocha son fusil et, se tournant face au mur, il prononça le mot.

Silencieusement, le mur s'ouvrit et Wallace pénétra dans la remise. Derrière lui, la paroi se referma. Rien n'indiquait que ce pût être autre chose qu'un mur massif et sans faille.

Enoch franchit la porte. Dehors, c'était l'été; il faisait beau. Dans quelques semaines, les signes avant-coureurs de l'automne feraient leur apparition et il commencerait à faire frais. Les premières solidages avaient jailli du sol. Pas plus tard que la veille, il avait remarqué que les asters précoces de l'ancienne barrière commençait à se colorer.

Il contourna la maison et se dirigea vers le fleuve, coupant par les champs depuis longtemps en friche où, ici et là, poussaient des bouquets de coudriers.

Voici la Terre, se disait-il. Une planète faite pour l'Homme. Mais pas pour lui seul, cependant : c'était aussi une planète pour le renard, le hibou et la belette, pour le serpent, la sauterelle et le poisson, pour toutes les formes vivantes qui pullulaient dans l'air, sur le sol et au fond des eaux. Et qui n'était pas non plus le monopole des espèces indigènes : elle était également faite pour d'autres créatures, nées sur d'autres terres, sur d'autres planètes situées à des années-lumière mais qui, dans leur essence, étaient toutes autant de Terres. Car Ulysse, et les Lumineux, et tous les autres pouvaient vivre sur la planète Terre si besoin en était ou s'ils en avaient simplement envie. Y vivre confortablement sans avoir à utiliser d'artifices. Y vivre comme si c'était là qu'ils avaient vu le jour.

Nos horizons sont si éloignés et nous n'en percevons qu'un si faible fragment, soliloquait Enoch. Même aujourd'hui, avec ces fusées qui s'élèvent au-dessus du cap Canaveral sur un sillage de feu pour briser tant de chaînes séculaires, que ces horizons sont étrangers à nos rêves!

C'était là que le bât blessait : le besoin de plus en plus tyrannique qu'il éprouvait de mettre l'humanité tout entière au courant de ce qu'il avait appris. Pas tellement des détails précis – bien qu'il y avait un certain nombre de choses dont l'espèce humaine pourrait faire usage – mais des données d'ordre général. Le fait fondamental : l'intelligence existait dans l'univers. L'Homme n'était pas seul. Pour peu qu'il s'engageât sur la bonne route, il ne serait plus jamais seul.

Enoch atteignit les bois. Puis ce fut la haute masse d'éboulis qui couronnait la crête, face au fleuve. Quand il en eut atteint le faîte, il s'immobilisa ainsi qu'il le faisait chaque matin, depuis des années sans nombre, et contempla le flot majestueux roulant son azur argenté au cœur des forêts.

Paresseusement, un faucon traçait des cercles au-dessus du fleuve. L'air était si limpide que Wallace imaginait qu'en faisant un léger effort, il parviendrait à distinguer chacune des plumes des ailes déployées du rapace.

Il y avait quelque chose de quasi féerique dans ce décor. Une transparence de l'atmosphère... le regard plongeant très loin... une impression de détachement qui touchait presque à l'immensité de l'esprit. Comme s'il s'agissait d'un lieu privilégié où il fallait que l'homme aille à la recherche de lui-même et s'estime heureux s'il se trouvait. Car il y avait ceux qui cherchaient et qui ne trouvaient rien. Pire encore : ceux qui n'avaient jamais songé à chercher.

Debout au sommet de l'éperon de roc, Enoch contemplait le fleuve, le faucon au vol alangui, le tapis vert des forêts. Son esprit s'envola vers d'autres endroits et une sorte de vertige l'étourdit.

Je pourrais être utile, songea-t-il. Je ne peux pas apporter de réponse mais je pourrais aider l'Homme dans sa quête difficile. Je pourrais lui donner une foi et un espoir. Un but sans précédent dans l'histoire.

Mais il savait qu'il n'aurait pas cette audace.

Lentement, il fit demi-tour et descendit l'autre versant de la crête. Comme il le faisait chaque jour depuis des années et des années.

Irait-il jeter un coup d'œil sur les sabots de Vénus pour voir comment ils se comportaient et rêver à la beauté qui serait la leur en juin? Non... ce serait inutile : les fleurettes devaient encore être dissimulées dans leurs cachettes. Elles ne risquaient rien. Il y a cent ans, elles s'épanouissaient sur chaque colline. Alors, il en ramenait à foison et sa mère les plaçait dans la grande jarre de terre et, pendant un jour ou deux, leur arôme emplissait la maison tout entière. Mais aujourd'hui, elles étaient plus rares. Les troupeaux et les botanistes amateurs les avaient chassées des pentes.

Il irait leur rendre visite un autre jour, avant les premières gelées, pour avoir l'assurance qu'elles seraient là à la belle saison.

Il s'arrêta un instant pour observer un écureuil en train de gambader sur les branches d'un chêne. Il s'agenouilla pour suivre la trace d'un escargot qui avait traversé le sentier. Il s'immobilisa pour examiner le dessin de la mousse qui avait envahi un tronc. Et il repéra le chant fugace d'un oiseau qui voletait d'un arbre à l'autre.

Il sortit du couvert et longea un pré. Enfin, il atteignit la source gazouillante.

Une femme était assise à côté. Enoch la reconnut : c'était Lucy, la sourde-muette, la fille de ce Hank Fisher qui demeurait plus bas, sur la berge du fleuve.

Enoch fit halte pour admirer la jeune fille. Qu'elle était belle et gracieuse! La beauté et la grâce naturelle d'un être primitif et solitaire.

Elle était assise devant la source, une main levée. Et, entre ses doigts effilés et sensibles, quelque chose de multicolore frémissait. Tout, dans son attitude, dans son cou tendu, dans son corps flexible, dénotait un état de concentration étrangement pacifié.

Enoch s'approcha lentement et s'immobilisa à moins d'un mètre de Lucy.

Ce qu'elle tenait au bout de ses doigts n'était qu'un de ces gros papillons rouge et or qui éclosent à la fin de l'été. Une de ses ailes était bien droite mais l'autre, déjetée et fripée, avait perdu un peu de cette poudre scintillante qui en était la parure.

En réalité, Lucy ne tenait pas le papillon emprisonné : celui-ci s'était posé au bout de son doigt et, de temps en temps, son aile en bon état palpitait. C'était ainsi qu'il gardait son équilibre.

Mais peut-être Enoch se trompait-il en croyant que l'autre aile était abîmée : en effet, à présent, il s'apercevait qu'elle était simplement pliée. Et, lentement, elle reprenait forme. Il ne lui manquait pas un grain de poudre.

Enoch contourna la jeune fille et celle-ci, quand elle l'aperçut, n'eut pas un geste de surprise. Ce devait être pour elle un événement parfaitement naturel que de voir brusquement surgir devant ses yeux quelqu'un arrivant par-derrière.

Elle avait un regard lumineux comme si elle sortait d'une extase spirituelle. Et, comme il le faisait toutes les fois qu'il la rencontrait, Enoch se demanda ce qu'elle devait éprouver, condamnée à vivre dans un univers de silence, capable, peut-être, d'un minimum de communication, mais exclue de cette liberté de contact qui constitue l'héritage de l'animal humain.

Il n'ignorait pas que l'on avait à plusieurs reprises essayé de placer Lucy dans une institution pour sourds-muets; mais, chaque fois, ç'avait été un échec. Tantôt elle s'enfuyait et il fallait des jours pour la retrouver errant dans la campagne, tantôt elle se rebellait, faisait la grève et refusait d'apprendre ce que l'on cherchait à lui enseigner.

Observant ainsi la jeune fille et le papillon, Enoch comprit soudain la raison d'un tel comportement : Lucy avait un univers à elle. Un univers familier où elle savait s'introduire. Et, dans cet univers, elle n'était pas l'infirme qu'elle aurait immanquablement été dans le monde normal.

Quel bien pouvait lui apporter l'alphabet des sourds-muets ou la lecture sur les lèvres si cela devait la priver de sa sérénité intérieure?

C'était une créature des bois et des collines, une fille des saisons, l'amie des fleurs du printemps et des oiseaux migrateurs de l'automne. Elle communiait avec la nature, la vivait. En un sens, elle était intégrée à la nature. Elle occupait une place que l'Homme avait depuis longtemps désertée. Qu'il n'avait, en fait, jamais tenue.

Et pourtant, songeait Enoch, et pourtant elle était plus vivante que n'importe quoi d'autre.

Le papillon déploya ses ailes et quitta le doigt de la jeune fille. Tranquillement, sans la moindre crainte, il se mit à voleter et prit son essor.

Lucy le suivit des yeux jusqu'à ce qu'il eût disparu, puis se tourna vers Enoch. Souriant, elle agita les mains, imitant le mouvement des ailes du papillon or et rouge. Mais il y avait autre chose dans ce geste – du bonheur, un sentiment d'allégresse. Comme si elle voulait dire par là que le monde tournait rond.

Si seulement je pouvais lui apprendre la science pasimologique des Galactiques! songea Wallace. Alors, nous pourrions parler, elle et moi, presque aussi aisément que des humains échangeant un flot de paroles. Avec du temps, ce pourrait être faisable. Le langage par signes des Galactiques était si naturel et si logique que ce devait être un mode d'expression quasi instinctif une fois qu'on en avait assimilé les principes de base.

D'ailleurs, le langage par signes existait sur Terre depuis les origines des temps. Seulement, dans le meilleur des cas, ce n'était qu'une béquille permettant à l'homme de marcher en claudiquant, mais pas de courir. Alors que le langage galactique, mis au point pendant des millénaires par une foule d'êtres différents, était une véritable langue. Fignolée, polie et repolie, et qui, désormais, constituait un outil de communication à valeur universelle.

Et c'était aussi un instrument indispensable car la galaxie était une tour de Babel. La pasimologie elle-même ne parvenait pas à surmonter tous les obstacles : dans certains cas, elle ne réussissait même pas à assurer un minimum d'échange d'informations élémentaires. C'est qu'il n'y avait pas simplement le problème des langues parlées (on en comptait trois millions); il y avait aussi celui des langues ne reposant pas sur les lois de l'acoustique, leurs usagers appartenant à des races qui ignoraient ce qu'était le son. De quelle utilité, en effet, pouvait être le son pour des races utilisant les infra-sons, inaudibles à toute autre? Bien sûr, il y avait la télépathie mais, pour une race de télépathes, il s'en trouvait mille qui avaient un blocage télépathique. Beaucoup employaient un système de signes, d'autres des symboles écrits ou des pictogrammes – certaines créatures possédaient même une sorte de tableau noir chimique incorporé à leur structure physiologique. Sans oublier cette espèce sourde et muette, originaire de mystérieuses étoiles des confins de la galaxie, dont le langage était peut-être le plus complexe de l'univers tout entier : c'était un code de signaux véhiculés par le système nerveux.

Enoch était le gardien de la base depuis près de cent ans : et pourtant, même avec l'aide de la pasimologie et du traducteur sémantique (qui, si compliqué qu'il fût, n'était guère plus qu'un piètre artifice mécanique), il lui était parfois malaisé de comprendre certains de ses interlocuteurs.

Lucy plongea dans la source une coupe façonnée dans un fragment d'écorce de bouleau et la tendit à Enoch, qui s'agenouilla pour boire. Le récipient avait quelques fuites; Wallace arrosa sa chemise et le devant de sa veste.

Quand il eut bu, il rendit la coupe à Lucy qui, du bout des doigts, lui caressa doucement le front, une caresse infiniment légère qui aurait pu être une bénédiction.

Enoch ne lui adressa pas la parole. Il y avait renoncé depuis longtemps de crainte que le seul fait de remuer les lèvres n'embarrassât le jeune fille murée dans son silence.

Il posa simplement sa main sur la joue de Lucy. Puis il se releva. L'homme et la jeune fille échangèrent un bref regard et Enoch reprit sa route.

Il franchit le petit ruisseau qui courait en aval de la source et s'engagea sur le sentier qui, à l'orée de la forêt, s'enfonçait à travers champs. Arrivé à mi-chemin du versant, il se retourna; Lucy le regardait. Il lui adressa un signe d'adieu auquel elle répondit.

Il y avait au moins douze ans qu'il l'avait rencontrée pour la première fois, petit lutin gambadant parmi les bois. Elle devait avoir une dizaine d'années à cette époque. Il avait fallu longtemps pour qu'ils deviennent amis bien qu'ils se vissent fréquemment. Elle courait par monts et par vaux comme si la nature était pour elle un terrain de jeu – ce qui était d'ailleurs le cas.

Il l'avait vue grandir et, entre eux, était née une sympathie de solitaires, de hors-la-loi. C'était même quelque chose de plus encore. Chacun avait son univers à soi lui ouvrant une porte sur un domaine rarement entrevu par les autres. Certes, chacun ignorait ce qu'était l'univers intérieur de l'autre. Mais l'existence de cet univers avait fourni une base solide à l'amitié qui liait Enoch à Lucy.

Il se rappelait le jour où il avait fait sa connaissance. Elle était agenouillée devant les sabots de Vénus. Agenouillée, simplement. Se contentant de les regarder sans les cueillir. Il s'était arrêté et l'avait observée, heureux de voir qu'elle n'arrachait point les fleurettes et convaincu que, pour elle comme pour lui, leur spectacle apportait une joie infiniment supérieure à celle de la possession.

Enoch atteignit le sommet de la crête. Alors, il prit la route herbue conduisant à la boîte aux lettres.

Non, songeait-il, il ne s'était pas trompé, tout à l'heure. Le papillon avait bien l'aile abîmée, déchirée. C'était un infirme. Et puis, il avait retrouvé son intégrité et s'était envolé.

6

Winslowe Grant était à l'heure.

Au moment où il arrivait devant la boîte, Enoch aperçut le nuage de poussière que soulevait l'antique tacot du facteur. Une année bien sèche, se dit Wallace.

Les récoltes avaient souffert du manque de pluie. Quoique, à dire vrai, il y eût assez peu de culture à l'heure actuelle sur les pentes. Autrefois, des fermes prospères se dressaient le long de la route – les bâtiments d'habitation peints en blanc et les granges en rouge. Mais la plupart étaient abandonnées, maintenant. La peinture s'était écaillée, les poutres s'étaient affaissées, les intempéries avaient érodé le bois devenu gris. Les gens étaient partis.

Winslowe n'allait pas tarder à apparaître. Enoch s'installa confortablement pour l'attendre. Peut-être le facteur ferait-il halte devant la boîte des Fisher, juste avant le tournant, bien que, en général, les Fisher ne reçussent guère de courrier en dehors des prospectus et autres paperasses sans intérêt que l'on expédie sans discrimination à tout un chacun. D'ailleurs, ils s'en moquaient : il n'était pas rare qu'ils attendissent plusieurs jours avant de relever leur courrier.

En fait, c'était une vraie bande de mollusques, ces Fisher. Leur maison menaçait ruine. Ils faisaient pousser un peu de mauvais blé dont l'irrigation était plus souvent qu'à son tour assurée par les inondations du fleuve. Ils faisaient également du foin, élevaient deux chevaux étiques, une demi-douzaine de vaches décharnées et quelques volailles. Ils avaient une vieille guimbarde ferraillante ainsi qu'un alambic caché quelque part au fond de la rivière, chassaient, pêchaient, braconnaient et avaient une réputation de bons à rien. Quand on y réfléchissait, ce n'étaient pourtant pas de mauvais voisins. Des gens qui s'occupaient de leurs affaires et ne venaient pas importuner les autres sauf quand toute la tribu se mettait à distribuer des brochures émanant d'une obscure secte fondamentaliste à laquelle Ma Fisher, la mère, avait adhéré bien des années auparavant.

Sans s'arrêter devant la boîte des Fisher, le facteur

surgit dans un panache de poussière à la sortie du virage. Le tacot poussif s'immobilisa. Winslowe coupa le contact.

– Laissons-la refroidir un peu, dit-il.

– Vous n'avez pas perdu de temps, aujourd'hui.

– C'est que des tas de gens n'ont rien reçu. Je ne me suis même pas arrêté devant leurs boîtes.

Il se mit à fouiller dans sa sacoche et en sortit le courrier d'Enoch : plusieurs quotidiens et deux revues attachées par une ficelle.

– Vous recevez plein de courrier mais jamais de lettres, remarqua Winslowe.

– Il ne reste plus personne pour m'écrire.

– Pourtant cette fois, vous en avez une.

Enoch ne parvint pas à cacher sa surprise. Effectivement, le coin d'une enveloppe pointait de son tas de gazettes.

– Une lettre personnelle, reprit le facteur qui en fit presque claquer ses lèvres. Pas de la réclame.

Enoch coinça le paquet entre son coude et la crosse de son fusil.

– Ça ne doit probablement pas présenter beaucoup d'intérêt.

– Peut-être.

Une lueur matoise scintillait dans les prunelles de Winslowe qui, sortant sa blague, entreprit de se bourrer une pipe. Le moteur de la voiture émettait de petits craquements. Le soleil tapait dur du haut d'un ciel sans nuages. La végétation qui poussait sur les bas-côtés de la route était couverte d'un suaire de poussière et il s'en élevait une odeur acide.

– Paraît que le type au ginseng est de retour, laissa tomber Winslowe d'une voix détachée mais en prenant malgré lui un air de conspirateur. Il s'est absenté trois, quatre jours.

– Pour écouler sa récolte, peut-être.

– Vous voulez que je vous dise? C'est pas le ginseng qui l'intéresse, à mon avis. C'est quelque chose d'autre qu'il cherche.

– Il a pourtant passé un bon moment à en récolter.

– D'abord, il n'y a pour ainsi dire pas de marché pour ce truc. Autrefois, il y a bien longtemps, oui... il existait un bon marché. Les Chinois s'en servaient pour fabriquer des drogues, je crois bien. Mais, maintenant, c'est fini, le commerce avec la Chine. On allait en cueillir quand j'étais gamin, je me rappelle. Déjà en ce temps-là, c'était pas facile d'en trouver. Mais, en général, on arrivait à en rapporter un peu.

Le facteur s'installa plus confortablement tout en tirant paisiblement sur sa pipe.

– Bizarre, ce manège!

– Je n'ai jamais vu ce garçon, fit Wallace.

– Il se balade dans les bois, il cueille toutes sortes de plantes. Je me demande si c'est pas un peu un sorcier qui ramasse des machins pour fabriquer des charmes et des amulettes. Il passe une bonne partie de son temps à discuter le coup avec les Fisher et il les aide à boire l'alcool qu'ils distillent. Moi, je continue à y croire, à la magie, bien que, par les temps qui courent, elle soit plus bien à la mode. Il y a une foule de choses que la science ne peut pas expliquer. Tiens, prenez la petite Fisher, par exemple... la sourde. Eh bien, elle guérit les verrues.

Mieux encore, pensa Enoch, elle soigne les papillons.

– J'en ai entendu parler, fit-il.

Winslowe se pencha.

– Un peu plus, et j'allais oublier. J'ai encore quelque chose pour vous.

Il tendit à Enoch un petit paquet enveloppé dans du papier d'emballage.

– C'est pas du courrier. C'est un truc que j'ai fait pour vous.

— Eh bien, je vous remercie.

— Allez... ouvrez-le!

Enoch hésita.

— Allez-y, quoi! Faites pas votre timide, bon Dieu!

Enoch déchira le papier, découvrant ainsi une statuette de bois sculpté : c'était son propre portrait. La figurine, taillée dans un bois couleur de miel, mesurait trente centimètres de haut. Au soleil, elle resplendissait comme un cristal doré. L'artiste avait représenté son modèle en pleine marche, le fusil sous le bras; le vent devait souffler car le personnage était légèrement incliné en avant et l'on voyait des plis sur la veste et le pantalon.

Enoch, stupéfait, considéra l'œuvre.

— Je n'ai jamais rien vu d'aussi beau, souffla-t-il.

— Je l'ai faite dans le morceau de bois que vous m'avez donné l'autre hiver. La gouge entrait là-dedans comme dans du beurre. A ne pas y croire. Un bois dur, notez, mais presque sans grain. Pas de danger qu'il y ait des bavures. On faisait son encoche là où on voulait et ça bougeait pas. Et puis, au fur et à mesure qu'on le taillait, il prenait son poli. Y avait juste qu'à frotter un peu après.

— Vous ne pouvez pas savoir ce que ce cadeau représente pour moi.

— Depuis tout ce temps, vous m'avez donné du bois en masse. Des bois comme je n'en ai vu nulle part. Et un matériau de première. Rudement beau. Il fallait bien que je fasse une petite sculpture à votre intention.

— Mais vous me rendez de grands services à m'apporter tous ces colis de la ville.

— Enoch, je vous aime bien. Je ne sais pas ce que vous êtes et je ne vais pas vous le demander mais ça n'empêche pas que je vous aime bien.

— Je voudrais pouvoir vous dire ce que je suis.

Winslowe s'installa derrière son volant.

— Ce que nous sommes, vous comme moi, ça n'a pas

beaucoup d'importance tant qu'on se trouve bien ensemble. Si les gouvernements daignaient se mettre à l'école de nos petites communautés pour apprendre comment se comporter entre voisins, probable que ça irait autrement mieux dans le monde.

Enoch hocha gravement la tête.

– Ce qui se passe n'est pas très encourageant, n'est-ce pas?

– On ne peut pas dire, répondit le facteur en mettant son moteur en marche.

Enoch regarda le tacot disparaître en soulevant d'épaisses volutes de poussière. Puis son regard revint à la statuette.

Le petit personnage faisait l'ascension d'une pente, arc-bouté pour résister à la furie de la bourrasque.

Pourquoi? Qu'avait vu en lui le facteur pour le représenter ainsi, marchant à contrevent?

Il posa son fusil et le colis de journaux sur une plaque d'herbe grisâtre et réenveloppa avec soin la statuette. Il la placerait sur le manteau de la cheminée. Ou, peut-être, ce qui serait encore mieux, sur la table à café qui se trouvait près de son siège favori, dans le coin, à côté du bureau. Enoch se rendait, non sans un rien de confusion, à l'évidence : il tenait à ce que cette statuette demeurât à portée de sa main, à ce qu'il pût la regarder, la manier chaque fois que l'envie l'en prendrait. Et la satisfaction profonde, la joie de l'esprit que lui procurait le présent du facteur l'étonnaient.

Pourtant, il avait l'habitude des cadeaux offerts par les extra-terrestres de passage. La maison en regorgeait et, dans l'immense sous-sol, il y avait un mur dont les étagères ployaient sous le poids des objets qui s'y entassaient. L'importance qu'Enoch accordait à la sculpture de Winslowe venait peut-être du fait que c'était un objet de la Terre. Un cadeau venant d'un compatriote.

Il mit la statue sous son bras, ramassa son fusil, son paquet de courrier, et reprit le chemin de la maison en suivant la piste envahie de broussailles qui, jadis, avait été une route carrossable.

Une herbe dense avait poussé entre les vieilles ornières qu'avaient creusées les roues cerclées de fer des charrettes d'antan et qui s'étiraient, double travée d'argile tassée, durcie et dénudée. Mais, de part et d'autre, une végétation luxuriante s'élevait à hauteur d'homme de sorte que l'on avait l'impression d'avancer au milieu d'un couloir de verdure.

Toutefois, ici et là, de façon inattendue – peut-être était-ce dû à la nature du sol ou à de simples caprices de la nature? – le mur végétal s'interrompait et la vue s'étendait alors jusqu'à la vallée.

En arrivant devant une de ces trouées, Enoch entr'aperçut une lueur fugitive venant d'un bouquet d'arbres à la lisière d'un champ abandonné, à peu de distance de la source où il avait rencontré Lucy.

Il fronça les sourcils et s'immobilisa, attendant que le phénomène se reproduise. Mais il ne se répéta pas.

Enoch savait de quoi il s'agissait : un guetteur armé de jumelles était à son poste, en train de surveiller la station. La lueur qu'il avait repérée était le reflet du soleil sur le verre.

Qui étaient ces guetteurs à l'affût? Pourquoi cette surveillance? Elle se poursuivait depuis déjà un certain temps, mais, chose assez bizarre, elle n'avait pas eu de suites. Personne n'avait essayé de prendre contact avec lui bien que la chose pût se faire de façon simple. Si les guetteurs avaient voulu entrer en conversation avec lui, ils auraient pu l'aborder de façon fort innocente en profitant de ses promenades matinales.

Mais, apparemment, ils n'avaient pas envie de lier conversation.

Alors, que cherchaient-ils?

A garder l'œil sur lui? En ce cas, se dit Enoch en souriant intérieurement, dix jours de surveillance leur auraient suffi à se faire une idée précise de ses habitudes.

A moins qu'ils ne fussent en quête d'un indice qui les mettrait sur la voie de ses activités? Si tel était le cas, ils se préparaient une amère désillusion. Ils pourraient le surveiller pendant des siècles sans avoir la plus petite idée de ce qu'il faisait.

Enoch se remit en marche, le front soucieux.

S'il n'y avait pas eu de tentatives de contact, il se pouvait que ce fût en raison des histoires qui couraient sur son compte. Des histoires que personne, pas même Winslowe, ne lui répéterait. Quels récits fabuleux les voisins avaient-ils inventés qu'ils débitaient à la veillée? se demanda Enoch.

Mais il valait mieux que les guetteurs n'aient pas pris l'initiative d'un tel contact. Tant qu'il n'y en avait pas, il ne risquait rien. Tant qu'il n'y avait pas de questions, il n'avait pas à fournir de réponses.

Que lui demanderaient-ils? Etes-vous vraiment le même Enoch Wallace qui s'est engagé dans les troupes d'Abraham Lincoln en 1861?

A cette question, une seule réponse était possible : Oui, c'est bien moi.

Cette question était d'ailleurs la seule à laquelle Enoch pouvait répondre franchement. Les autres... il faudrait qu'il se taise ou qu'il les élude.

Ils lui demanderaient comment il se faisait qu'il eût conservé sa jeunesse alors que le lot commun de l'humanité était de tomber dans la décrépitude. Et il ne pouvait pas leur dire qu'il ne vieillisait pas à l'intérieur de la station; qu'il ne vieillissait, en fait, qu'une heure par jour, lors de sa promenade matinale; qu'il pouvait vieillir d'une heure lorsqu'il travaillait dans son jardin ou contemplait le coucher du soleil, assis sur les marches du perron. Mais que, dès qu'il rentrait, le processus de vieillissement s'interrompait.

Non, cela, il ne pouvait pas le leur dire. Ni cela ni pas mal d'autres. Il savait bien qu'un jour viendrait où, le contact s'étant établi, il serait contraint, pour fuir les questions, de rompre tous les ponts avec le monde et de ne plus quitter la station.

Physiquement parlant, ce ne serait pas un grave inconvénient car il pourrait vivre cloîtré sans difficulté. Il ne manquerait de rien : les extra-terrestres lui fourniraient tout ce qui était nécessaire à ses besoins. S'il achetait parfois, par l'intermédiaire de Winslowe, des aliments humains, c'était uniquement parce qu'il avait faim de nourritures de sa planète natale, en particulier de ces nourritures simples qu'il mangeait dans son enfance et du temps où il était soldat.

Mais il y avait une chose que les extra-terrestres seraient incapables de lui procurer : les rapports avec son espèce, ces rapports qu'il entretenait par le truchement de Winslowe. Et le courrier. Une fois isolé dans la station, sans journaux ni magazines, il n'aurait plus aucun lien avec le monde auquel il appartenait. Il lui était impossible d'écouter la radio en raison des interférences provoquées par les installations techniques de la base.

Il ne saurait rien des événements extérieurs. Cela nuirait beaucoup à son diagramme qui perdrait, du coup, une grande partie de son efficacité. D'ailleurs, songea Enoch, ce travail était d'ores et déjà à peu près sans objet du fait qu'il n'était pas sûr d'utiliser les paramètres corrects.

Mais ce qui lui manquerait le plus serait la minuscule parcelle qui constituait son univers. Et ces promenades quotidiennes, aussi, qui lui permettaient de rester un humain, un citoyen de la Terre.

Etait-il vraiment si important qu'il demeurât intellectuellement et sentimentalement un membre de l'espèce humaine? Alors qu'il avait tout le cosmopolitanisme de la galaxie à portée de la main, s'acharner avec autant d'entêtement à s'identifier à la vieille patrie terrestre, n'était-ce pas quelque peu provincial? Cet esprit de clocher ne lui faisait-il pas perdre quelque chose?

Mais Enoch ne pouvait pas se détourner de la Terre. La Terre, il l'aimait trop – vraisemblablement même plus que les autres humains qui ignoraient l'existence de mondes lointains. Un homme doit avoir un sentiment d'appartenance, d'identité. La galaxie était trop vaste pour l'affronter seul et nu.

L'homme aborda la descente et la station, rigidement plantée au faîte de la crête, apparut à sa vue.

C'est drôle que je pense « la station » et non pas « la maison », se dit Enoch. Il est vrai qu'elle avait plus longtemps rempli les fonctions de station que celles de foyer.

Il en émanait une sorte de massiveté désagréable. Comme si elle s'était de sa propre volonté fichée en haut de la crête et entendait y demeurer à jamais.

Bien sûr, elle demeurerait à sa place si l'on désirait qu'il en fût ainsi. Et aussi longtemps qu'on le désirerait. Car rien ne pouvait la toucher.

Même si Enoch était un jour forcé de se retrancher à l'abri de ses murs, la station n'aurait à redouter ni la curiosité ni l'indiscrétion des humains. Ils ne pourraient ni l'ébrécher, ni l'éventrer, ni la démanteler. Ils ne pouvaient rien contre elle. L'homme aurait beau fureter, spéculer, analyser, il ne découvrirait rien, sinon l'existence, au faîte de la crête, d'un édifice insolite. Car la station pouvait survivre à tout sauf à une explosion thermonucléaire. Et encore...

Arrivé dans la cour de la ferme, Enoch se retourna vers le bouquet d'arbres d'où, tout à l'heure, avait jailli ce reflet de soleil. Mais rien, à présent, ne révélait une présence étrangères.

7

Dans la station, la machine à messages bruissait plaintivement.

Enoch accrocha son fusil, déposa le tas de journaux et la statuette sur son bureau et s'approcha de l'appareil. Il enfonça un bouton, abaissa un levier; le sifflement se tut.

Un message s'était formé sur la plaque de réception : N° 406302 A STATION 18327. ARRIVERAI DEBUT SOIREE TEMPS LOCAL. PREVOIR CAFE CHAUD. ULYSSE.

Enoch sourit. Ulysse et son café! C'était le seul extraterrestre qui eût jamais prisé un aliment ou une boisson de la Terre. D'autres avaient essayé mais ils n'avaient jamais beaucoup insisté.

C'est drôle, ces relations avec Ulysse, songea Enoch. Ils avaient sympathisé dès leur première rencontre, cet après-midi d'orage où ils avaient devisé sur les marches du perron; où l'étranger avait dépouillé son masque humain.

Un visage effrayant s'était alors révélé. A faire frémir. Celui d'un clown cruel. Pourquoi cette expression lui venait-elle à l'esprit? s'interrogeait Enoch. Les clowns ne sont jamais cruels. Et pourtant, en ce cas particulier... cette figure bariolée, ces mâchoires émaciées et desséchées, cette bouche mince, semblable à une étroite balafre...

Et puis, Enoch avait vu les yeux de l'étranger et cela effaçait tout le reste. Des yeux immenses où, doucement, palpitait une lueur de compréhension. Le regard l'Ulysse se tendait vers Wallace comme une main d'amitié.

La pluie s'était mise à tomber, tambourinant sur le toit, plaquant la poussière de la cour où les poules affolées s'égaillaient à la recherche d'un abri.

Enoch s'était levé et, prenant son hôte par le bras, s'était réfugié avec lui sous le porche.

Debout l'un en face de l'autre, ils s'étaient regardés. Ulysse s'était alors entièrement débarrassé de ce qui restait de son faux visage. Il était chauve comme un melon. Et sa figure était peinte. Il ressemblait à un Indien sauvage sur le sentier de la guerre sauf que, ici et là, le tatouage prenait une touche clownesque comme si tout ce peinturlurage n'avait d'autre but que de souligner la grotesque absurdité de la guerre. Cependant, Enoch savait qu'il ne s'agissait pas d'un tatouage mais bien de la carnation naturelle de cette créature venue des étoiles.

Car, quels que fussent par ailleurs ses doutes et son étonnement, Enoch avait l'absolue certitude que cet être étrange n'appartenait pas à la Terre. Il n'était pas humain. Certes, il avait une forme humaine; il avait deux bras et deux jambes, il avait une tête, il avait un visage. Mais il émanait de lui quelque chose d'inhumain par essence. Quelque chose qui était presque la négation de l'humain.

Jadis, peut-être, on aurait crié au démon. Mais le temps où l'on croyait aux démons et aux fantômes, aux terrifiantes entités dont l'imagination des hommes peuplait alors la Terre, ce temps était révolu (quoique, dans certaines régions du pays, il subsistât encore).

L'inconnu prétendait venir des étoiles. Peut-être disait-il vrai.

Pourtant, cela n'avait pas de sens. C'était une chose que l'on ne pouvait concevoir, même dans le plus extravagant des délires. Enoch se sentait perdre pied.

– Prenez votre temps, dit l'étranger. Je sais que ce n'est pas facile. Et je ne peux rien faire pour vous aider. Je suis incapable de vous prouver que je viens des étoiles.

– Mais vous vous exprimez avec tant d'aisance...

– Dans votre langue? Elle n'est pas tellement ardue. Si vous aviez seulement une idée de toutes celles de la galaxie, vous vous rendriez compte de sa simplicité. Votre langage est un langage de base et il existe un grand nombre de concepts qu'il n'a pas besoin de manipuler.

Enoch admit que c'était vraisemblable.

– Si vous voulez, reprit l'autre, je peux m'absenter pendant un jour ou deux pour vous donner le temps de méditer à loisir. Je reviendrai lorsque vous aurez réfléchi.

Enoch sourit. Un sourire mécanique qui lui causait une sensation inhabituelle.

– Cela me donnerait surtout le temps d'alerter le pays. Peut-être, alors, dressera-t-on une embuscade pour s'emparer de vous.

L'extra-terrestre secoua la tête.

– Je suis certain que vous n'en ferez rien. Si vous le désirez, je suis prêt à courir le risque...

– Non, répondit Enoch, étonné de son propre calme. Non, il faut toujours regarder les faits en face. C'est une chose que la guerre m'a apprise.

– Bien... Très bien... Je ne me suis pas mépris sur votre compte. Et j'en suis fier.

– Mépris sur mon compte?

– Vous ne pensez quand même pas que je sois venu à vous comme cela, de but en blanc? Je vous connais, Enoch. Probablement aussi bien que vous vous connaissez vous-même. Peut-être encore mieux.

– Vous savez comment je m'appelle?

– Bien sûr.

– Et vous? Quel est votre nom?

– Votre question m'embarrasse fort. Je n'ai pas de nom. Certes, je possède un indicatif d'identification à l'usage de mes compatriotes mais il n'est pas prononçable pour une langue humaine.

Brusquement, sans raison apparente, une image revint à l'esprit d'Enoch. Celle d'un homme perché sur une barrière, un couteau à la main, en train de sculpter placidement une canne tandis que les boulets passaient en sifflant au-dessus de sa tête, tandis que, quelques centaines de mètres plus loin, aboyaient les fusils et que des fumées fleurant la poudre s'élevaient au-dessus de la ligne de feu.

– Je vous appellerai Ulysse. Il m'est nécessaire de vous donner un nom.

– Il sonne bien. Mais puis-je vous demander pourquoi ce nom d'Ulysse?

– Parce que c'était celui d'un grand homme de ma race.

C'était absurde, bien sûr. Il n'existait pas la moindre ressemblance entre le général fédéré perché sur la barrière et l'inconnu debout dans la véranda.

– Je suis heureux que vous ayez choisi ce nom. Appelez-moi donc Ulysse. Et moi je vous appellerai Enoch car nous allons travailler ensemble pendant un grand nombre de vos années.

– Peut-être voudriez-vous que je vous offre quelque nourriture, proposa Enoch avec hésitation. Je pourrais faire un peu de café...

– Du café! s'exclama Ulysse en faisant claquer ses lèvres étroites. Vous avez du café sur la Terre?

– Je vais en préparer un grand pot.

– Merveilleux! Le café est le breuvage le plus délectable que j'aie jamais savouré sur les planètes étrangères.

Ils gagnèrent la cuisine. Enoch secoua les braises, remit du bois dans le fourneau, remplit la cafetière d'eau et la posa sur le foyer. Ulysse, assis avec raideur, le regardait s'activer.

– Pouvez-vous manger des œufs au lard? interrogea Enoch.

– Je mange de tout. La race à laquelle j'appartiens possède une très grande capacité d'adaptation. C'est la raison pour laquelle on m'a envoyé sur votre planète. En éclaireur, en quelque sorte.

La conversation ne posait pas de problème. Pas plus que de parler à n'importe qui. Et pourtant, songeait Enoch, Ulysse ne ressemble pas à n'importe qui! On aurait dit une abominable caricature.

– Il y a longtemps que vous demeurez dans cette maison? reprit l'extra-terrestre. Vous l'aimez bien.

– Je l'habite depuis ma naissance. Je l'ai quittée pendant près de quatre ans mais c'est toujours ma maison.

– Moi aussi, je serai content de retrouver la mienne. Les missions de ce genre sont toujours trop longues.

Enoch posa le couteau avec lequel il taillait une tranche de lard et s'assit pesamment en face d'Ulysse qu'il considéra d'un œil fixe.

– Quoi? Vous allez rentrer... chez vous?

– Evidemment. Ma tâche touche à sa fin. Cela vous surprend, que j'aie une maison?

– Je ne sais pas, dit faiblement Enoch. Je n'avais pas pensé à cela.

Oui. Il ne lui était pas venu un seul instant à l'esprit qu'un être pareil pût avoir un chez soi. Seuls les humains possèdent cette chose appelée foyer, n'est-ce pas?

– Un autre jour, je vous parlerai de chez moi. Et, pourquoi pas? Vous viendrez peut-être me rendre visite.

– Dans les étoiles...

– Cela vous paraît étrange maintenant. Il vous faudra un moment pour vous habituer à cette idée. Mais lorsque vous nous connaîtrez sur toutes les coutures, vous comprendrez. J'espère que vous êtes comme nous.

Nous ne sommes pas méchants, vous savez... il n'y a pas beaucoup de races méchantes parmi la multitude de celles qui peuplent la galaxie.

Les étoiles... là-haut... dans la solitude de l'espace. Enoch ne pouvait même pas imaginer combien il y en avait. Ni ce qu'elles étaient. Ni pourquoi elles étaient là. Un autre monde... Non : beaucoup d'autres mondes. Habités. Par des gens probablement différents selon les étoiles. Et là, dans sa propre cuisine, attendant que le café chauffe, que les œufs et le lard soient cuits, il y avait un être venu des astres...

– Mais pourquoi? murmura Enoch. Pourquoi?

– Parce que nous sommes des voyageurs. Nous avons besoin d'une base ici. Nous voulons transformer cette maison en station. Et nous voulons que vous en soyez le gardien.

– Cette maison?

– Nous ne pouvons pas construire une station car les gens se poseraient des questions. Aussi sommes-nous obligés d'utiliser un édifice déjà existant et de l'adapter à nos fins. Mais nous n'en modifierons que l'intérieur. Rien ne sera changé à l'apparence de votre demeure. Parce que cela aussi exciterait la curiosité.

– Mais... voyager...

– Nous voyageons d'étoile en étoile. Plus vite que la pensée. Pour cela, nous nous servons de ce que vous appelleriez des machines. Mais ce ne sont pas des machines. En tout cas, pas dans le sens où vous l'entendez.

– Je suis désolé, fit Enoch avec gêne, mais cela me paraît tellement invraisemblable...

– Vous vous rappelez lorsque la voie ferrée a été installée à Melville?

– Oui. J'étais tout gosse.

– Eh bien, admettez que c'est simplement une autre voie ferrée. La Terre n'est qu'une ville et cette maison sera la gare de ce nouveau chemin de fer. Un chemin de fer d'une nature spéciale. La seule différence sera que tout le monde sur Terre, vous excepté, ignorera l'existence de cette ligne. Ce ne sera d'ailleurs qu'un gîte d'étape, une simple plaque tournante. Aucun Terrien ne pourra acheter un billet à cette gare.

Expliqué de cette manière, cela ne paraissait plus aussi incroyable. Mais Enoch se rendait parfaitement compte que la réalité était infiniment plus complexe que cette image élémentaire.

– Il y a des wagons qui traversent l'espace?

– Non. C'est autre chose. Je ne sais pas par où commencer.

– Vous feriez peut-être mieux de choisir quelqu'un qui soit plus capable que moi de comprendre.

– Aucun des habitants de cette planète n'est capable de comprendre. Vous ferez aussi bien l'affaire qu'un autre. Et même beaucoup mieux en un certain sens.

– Mais...

– Je vous écoute, Enoch.

– Rien.

Enoch s'était soudain rappelé comment, un moment plus tôt, assis sur les marches, il songeait à sa solitude et à un nouveau départ, sachant qu'il ne pouvait échapper à un recommencement, sachant qu'il fallait qu'il fît table rase de tout et édifiât une vie neuve.

Et voilà qu'il se trouvait en face de ce recommencement. Un recommencement plus prodigieux et plus effrayant qu'il ne l'avait jamais rêvé dans ses songes les plus extravagants.

8

Enoch classa le message et accusa réception : N° 406302 REÇU. CAFE SUR LE FEU. ENOCH.

Il alla ensuite examiner la cuve contenant le liquide n°3 dont il vérifia la température et le degré de concentration; il s'assura une dernière fois que le récipient était exactement centré par rapport au matérialisateur, puis s'approcha du second matérialisateur : le matérialisateur d'urgence, le matérialisateur officiel. Il en contrôla minutieusement le bon état. Bien sûr, aucun problème de ce côté. Il n'y avait jamais de problème de ce côté mais Enoch ne manquait jamais non plus de prendre toutes les précautions avant les visites d'Ulysse. Si quelque chose allait de travers, il ne pouvait rien faire d'autre qu'envoyer un message pour alerter le Central Galactique. Alors, un dépanneur viendrait réparer le matérialisateur courant.

Quant au matérialisateur officiel et d'urgence, sa dénomination correspondait exactement à sa fonction : il était exclusivement réservé aux émissaires officiels du Central Galactique et aux situations urgentes éventuelles. Sa mise en service ne dépendait pas de la station locale.

En tant qu'inspecteur affecté à cette base — comme à un certain nombre d'autres — Ulysse était habilité à faire usage du matérialisateur officiel sans avoir besoin de le notifier préalablement. Mais — et ce n'était pas sans une pointe de fierté qu'Enoch y songeait — il n'avait encore jamais manqué de le prévenir de sa visite. Wallace savait que c'était là un geste de courtoisie, une attention dont ne bénéficiaient pas toutes les stations du réseau des bases galactiques.

Ce soir, il parlerait à Ulysse de l'espionnage dont il était l'objet. Peut-être aurait-il dû l'en informer plus tôt. Mais il répugnait à penser que la race humaine pût créer des complications au dispositif galactique.

Son idée fixe, consistant à présenter les Terriens comme des êtres bons et raisonnables, était une chimère sans espoir. Les Terriens n'étaient ni bons ni raisonnables en bien des domaines. Peut-être parce qu'ils manquaient encore de maturité. Ils avaient l'esprit vif, ils étaient intelligents, il leur arrivait même parfois de faire preuve de compréhension; cependant, en ce qui concernait une foule d'autres points, ils étaient lamentables.

Mais si on leur donnait leur chance – si on pouvait leur laisser entendre à demi-mot ce qui se passait dans l'espace... alors, ils prendraient sur eux. Ils surmonteraient leurs préjugés. Et, après un certain laps de temps, ils seraient admis dans la grande fraternité des étoiles.

Cela acquis, ils montreraient qu'ils étaient dignes de cet honneur. Car les Terriens étaient une race jeune, pleine d'énergie. D'une énergie parfois exagérée.

Telles étaient les pensées d'Enoch.

Il secoua la tête et alla s'installer devant le bureau. Il défit la ficelle entourant le paquet de courrier : des quotidiens, un hebdomadaire, deux revues – *Cosmos* et *Science*. Et la lettre.

Il repoussa les journaux et les magazines et s'empara de cette lettre. C'était une lettre par avion portant le cachet de Londres. Le nom de l'expéditeur lui était inconnu. Qui pouvait bien lui écrire de Londres? Il est vrai que, de Londres ou d'ailleurs, son correspondant ne pouvait être qu'un inconnu. Enoch n'avait aucune relation en dehors du voisinage.

Il déchira l'enveloppe et déplia la lettre qu'il étala sous la lampe. Et il lut ce qui suit :

Cher Monsieur,

J'imagine que mon nom ne vous dira rien. Je suis un des rédacteurs de la revue anglaise Cosmos *à laquelle vous êtes abonné depuis de nombreuses années. Je m'abstiens d'utiliser le papier à l'en-tête de la publica-*

tion car cette lettre est personnelle et officieuse – et peut-être la trouverez-vous quelque peu indiscrète.

Peut-être vous intéressera-t-il d'apprendre que vous êtes notre plus ancien abonné? Vous êtes sur nos listes de routage depuis plus de quatre-vingts ans.

Certes, cela ne me regarde pas; néanmoins, je me demande si vous avez souscrit en personne cet abonnement ou si c'est votre père – ou un parent proche – qui l'a souscrit, et si vous avez omis d'effectuer le changement de nom.

Il s'agit là de ma part d'une curiosité parfaitement inexcusable et vous serez dans votre droit en ne donnant aucune suite à cette lettre si vous le jugez bon. Pourtant, au cas où vous n'y verriez pas d'inconvénient, je serais heureux d'avoir une réponse de vous.

Pour me défendre, je vous dirai que je m'occupe depuis si longtemps de la revue que j'éprouve une certaine fierté à l'idée que quelqu'un la juge intéressante au point de n'avoir pas renoncé à son abonnement au bout de quatre-vingts ans passés. Je doute que beaucoup de revues puissent se vanter d'une pareille fidélité de la part d'un seul de leurs lecteurs.

Je vous prie d'agréer, cher Monsieur, l'expression de mes sentiments les plus respectueux.

Suivait la signature.

Enoch repoussa la lettre. Cela recommençait. Encore un guetteur à l'affût. Un guetteur discret, néanmoins, et des plus courtois, dont il était peu probable qu'il y eût quelque chose à craindre.

Cependant, le fait était là : cela faisait quelqu'un de plus dont l'attention avait été éveillée. Qui avait flairé quelque chose d'anormal chez cet abonné fidèle depuis un temps aussi incroyable.

Plus le temps passerait, plus la cohorte des curieux grossirait.

Ce n'était pas seulement des espions embusqués autour de la station qu'Enoch devait se méfier mais de tous les autres. Les espions en puissance. On a beau s'efforcer de passer le plus inaperçu possible, tôt ou tard le monde se rend compte de votre présence et fait le siège de votre porte, brûlant de savoir pourquoi vous vous cachez.

Il serait illusoire de s'imaginer qu'il pourrait encore disposer d'un long sursis. L'étau se resserrait autour d'Enoch.

Pourquoi ne veulent-ils pas me laisser tranquille? songea-t-il. Si seulement il pouvait leur expliquer la situation...

Mais il n'en était pas question. D'ailleurs, même s'il était en son pouvoir de leur expliquer, il y aurait quand même des gens pour venir l'importuner.

Percevant soudain le signal du matérialisateur, Enoch fit volte-face.

Le Thubain était arrivé. Une masse globuleuse et indécise de substance ballottée dans le liquide de la cuve. Au-dessus, il y avait une sorte de bloc de quelque chose flottant paresseusement à la surface.

Ses bagages, se dit Enoch. Pourtant, le message avait précisé qu'il n'y aurait pas de bagages.

Comme Wallace s'approchait du matérialisateur, il entendit un cliquetis : Le Thubain lui parlait.

– *Présent pour vous,* disait le cliquetis. *Végétal fibreux et mort.*

Enoch jeta un coup d'œil sur l'objet cubique.

– *Prenez,* cliqueta le Thubain. *L'ai apporté pour vous.*

Maladroitement, Enoch répondit en pianotant sur les parois de la cuve :

– *Je vous remercie, Gracieux.* Etait-ce la formule qui convenait pour ce globe de matière? Les problèmes d'étiquette pouvaient donner lieu à des casse-tête épouvantables. Il y avait des créatures avec lesquelles il fallait user d'un langage fleuri (et, même dans ce cas, la rhétorique variait de l'une à l'autre) et d'autres auxquelles on devait s'adresser de la façon la plus simple, en usant des termes les plus directs.

Enoch se pencha et saisit le parallélépipède. C'était un bloc de bois. Lourd, d'un noir d'ébène et d'un grain si serré que cela ressemblait à de la pierre. Il sourit intérieurement, songeant que, au contact de Winslowe, il était devenu un expert parfaitement capable de juger des qualités artistiques d'un spécimen de bois.

Il déposa le cube par terre et se retourna.

– *Pourriez-vous révéler ce que vous faites avec cela?* cliqueta à nouveau le Thubain. *Pour nous, matière totalement inutile.*

Enoch hésita, fouillant désespérément ses souvenirs. Que pouvait être la traduction en code du mot « sculpter »?

– *Alors?* insista le Thubain.

– *Pardonnez-moi, Gracieux. Je n'utilise que rarement votre langage et je ne le possède pas à fond.*

– *S'il vous plaît, abandonnez le Gracieux. Je suis un être commun.*

Enoch tapota :

– *Je le modèle. Je lui donne une autre forme. Etes-vous un être visuel? Parce que, dans ce cas, je pourrais vous montrer.*

– *Pas visuel,* répondit le Thubain. *Beaucoup d'autres choses. Mais pas visuel.*

Au début, il était sphérique. A présent, il commençait à s'aplatir.

– *Vous êtes un bipède?* cliqueta-t-il.

– *Exactement.*

– *Votre planète... Est-ce une planète solide?*

(Solide? Oh... bien sûr! Solide par opposition à liquide.)

– *Solide pour un quart. Le reste est liquide.*

– *La mienne est presque entièrement liquide. Très peu de solide. Monde très reposant.*

– *J'aimerais vous demander quelque chose,* tapota Enoch.

– *Demandez.*

– *Vous êtes mathématicien. Ceux de votre race le sont tous, n'est-ce pas?*

– *Oui. Excellente récréation. Occupe l'esprit.*

– *Vous voulez dire que vous n'utilisez pas les mathématiques?*

– *Autrefois, si. Mais plus aucune utilité. Ne servent plus depuis très longtemps. Ce n'est plus qu'un délassement.*

– *J'ai entendu parler de votre système de notation numérique.*

– *Très différent. Concept bien meilleur.*

– *Pouvez-vous m'en parler?*

– *Connaissez-vous le système de notation utilisé sur Polaris VII?*

– *Non.*

– *Alors, inutile de vous parler du nôtre. Il faut d'abord que vous appreniez celui des Polariens.*

Evidemment... Enoch s'en serait douté! La science galactique était si vaste, il en connaissait si peu! Et il comprenait si peu du peu qu'il savait!

Mais il y avait, sur la Terre, des hommes qui pourraient tirer parti de son maigre bagage. Des hommes qui donneraient n'importe quoi pour le posséder, cet infime savoir. Et qui pourraient l'utiliser intégralement.

Là-bas, dans les étoiles, il y avait une immense masse de savoir. Une part en était le prolongement de celui qui constituait déjà l'héritage de l'humanité; et une autre touchait à des domaines que l'Homme ne soupçonnait pas encore, était employée selon des moyens et en vue de fins que l'Homme n'avait encore jamais imaginés. Et que, abandonné à son sort, il ne pourrait jamais concevoir.

Encore cent ans, se dit Enoch. Qu'apprendrait-il en cent ans? En mille ans? Serait-ce suffisant?

– *Je me repose, maintenant,* annonça le Thubain. *Heureux d'avoir eu cette conversation avec vous.*

9

Enoch se détourna de la cuve et ramassa le bloc de bois. Une petite mare de liquide luisait sur le plancher.

L'homme examina le cube. Un fragment d'écorce y adhérait encore. Il avait été scié : quelqu'un l'avait débité pour que sa taille correspondît à la cuve où le Thubain était plongé.

Un ou deux jours plus tôt, Enoch avait lu dans un journal un article dans lequel un savant soutenait qu'une intelligence supérieure ne pouvait pas se développer dans un monde liquide.

L'évolution de la race thubaine prouvait que ce savant était dans l'erreur. Il y avait d'autres mondes liquides qui étaient membres de la confrérie galactique. Si l'Homme devait jamais s'ouvrir à la culture galactique, il ne lui suffirait pas d'apprendre : que de choses lui faudrait-il également désapprendre!

Le principe de la vitesse de la lumière conçue comme vitesse limite, pour commencer.

Si rien ne pouvait aller plus vite que la lumière, le système de transport intergalactique était impossible.

Mais, songeait Enoch, il n'y a pas lieu de faire grief à l'Homme d'avoir posé en axiome que la vitesse de la lumière était une vitesse limite. L'observation était le seul élément que l'Homme — et, d'ailleurs, n'importe qui — était en mesure d'employer pour fonder ses prémisses. Et comme la science humaine n'avait encore rien trouvé qui fût animé d'une vitesse constante dépassant celle de la lumière, on devait admettre la validité de la proposition affirmant que rien ne peut se déplacer avec une vitesse uniforme supérieure à celle de la lumière. Seulement, c'était là un postulat valable en tant qu'hypothèse, et uniquement en tant qu'hypothèse.

Seulement, des trains d'impulsions permettaient de transporter les Galactiques quasi instantanément d'une étoile à l'autre, sans que le facteur distance jouât.

Difficile de le croire! Il y a quelques instants, la créature qui était actuellement dans la cuve se trouvait sur une autre station. Le matérialisateur avait créé une réplique du Thubain. Pas seulement de son corps : de sa force vitale même. De cette chose qui lui conférait la vie. Puis les impulsions avaient franchi en un temps virtuellement nul les gouffres de l'espace pour aboutir à la station réceptrice et elles avaient alors reproduit le corps, l'esprit, les souvenirs, la vie même de l'être dont la dépouille gisait quelque part, à des années-lumière de distance. Et, dans la cuve, ce nouveau corps, ce nouvel esprit, cette nouvelle mémoire, cette nouvelle vie avaient presque immédiatement pris forme, donnant naissance à un être entièrement nouveau. Mais en tout point semblable à l'ancien, de sorte que son identité était maintenue, de même que sa conscience (qui n'avait subi qu'une brève coupure).

Les trains d'impulsions avaient leurs limites mais celles-ci n'avaient aucun rapport avec la vitesse de la lumière. Ils pouvaient traverser la galaxie tout entière en un laps de temps infime. Mais, dans certaines conditions, ils avaient tendance à s'amortir. C'est pour cela que de nombreuses stations étaient indispensables. Il y en avait des milliers et des milliers. La présence de nuages de poussière ou de gaz, de zones fortement ionisées, cassait les trains d'impulsions. Dans les secteurs de la galaxie où prédominaient ces conditions, les distances entre chaque station-relais étaient considérablement raccourcies pour que les vibrations incidentes ne soient pas dénaturées. Et il y avait des régions qu'il fallait contourner en raison de leur forte teneur en gaz et en poussières.

Combien la créature baignant présentement dans la cuve avait-elle déjà abandonné de corps sans vie dans les différentes stations par où elle était passée depuis le début de son voyage? se demandait Enoch. Et, d'ici quelques heures, son corps actuel flotterait, mort à son tour, dans le récipient après qu'un nouveau train d'impulsions aurait expédié le Thubain vers le relais suivant.

Un long sillage de cadavres entre les étoiles. Chacun était détruit à l'acide et évacué vers de profondes citernes. Mais l'être poursuivait son chemin jusqu'au terme de son périple et la réalisation de ses projets.

Et ces projets... La multitude de projets nourris par la multitude de créatures qui transitaient par tous ces relais disséminés dans l'espace... Certaines, parfois, avec qui Enoch avait bavardé, avaient évoqué les leurs. Mais la plupart du temps, il ignorait toujours les motifs poussant les voyageurs. Et il n'avait pas à les connaître. Il n'était qu'un simple gardien.

Le regard d'Enoch revint au morceau de bois. Voilà qui ferait plaisir à Winslowe. Il était bien rare de tomber sur un bois aussi noir ou d'un grain aussi fin.

Que penserait le facteur s'il pouvait savoir que les statues qu'il sculptait étaient taillées dans des bois provenant de planètes inconnues, situées à tant d'années-lumière de la Terre? Il s'était probablement maintes fois interrogé sur la provenance de cette matière première mais il n'en parlait jamais. De même se rendait-il évidemment compte qu'il y avait quelque chose de très bizarre chez l'homme qu'il rencontrait chaque matin devant la boîte aux lettres. Mais il ne posait pas non plus de questions à ce sujet.

C'était cela, l'amitié.

Le morceau de bois qu'étreignait Enoch était également un gage d'amitié – de l'amitié du peuple des étoiles envers l'humble gardien d'une lointaine station isolée dans un des bras spiraux de la galaxie, très loin des régions centrales.

Le bruit s'était manifestement répandu à travers les années et à travers l'espace que le gardien en question collectionnait les essences exotiques. Et les spécimens de bois avaient commencer d'affluer. Ils ne venaient pas seulement de gens qu'Enoch considérait comme des amis mais également d'autres, parfaitement étrangers, comme le sphéroïde qui se reposait pour le moment dans la cuve.

Enoch posa le bois sur une table et s'en fut jusqu'au réfrigérateur qu'il ouvrit; il en retira un morceau de fromage que Winslowe avait acheté à son intention plusieurs jours auparavant ainsi qu'un petit paquet de fruits, présent d'un indigène de Sirrah X. « C'est analysé, lui avait-il dit. Vous pouvez les manger sans inconvénient. Rien à craindre pour votre métabolisme. Vous en avez peut-être déjà goûté? C'est délicieux. Je vous en apporterai encore la prochaine fois. »

Enoch prit également un pain plat, posé sur une étagère, et qui faisait partie des rations que lui envoyait régulièrement le Central Galactique. Du pain fabriqué avec des céréales qui ne poussaient pas sur la Terre, qui avait une saveur de noisette et d'épices inconnues.

Il déposa le tout sur la table de ce qu'il appelait la cuisine – bien qu'il n'y eût pas de cuisine – mit la cafetière sur le fourneau et revint à son bureau.

La lettre était toujours là. Il la lissa, la replia et la rangea dans un tiroir. Puis il défit le papier d'emballage entourant ses journaux, se saisit du *New York Times* et alla s'asseoir dans son fauteuil favori.

ACCORD POUR UNE NOUVELLE CONFERENCE SUR LA PAIX, proclamait le gros titre de la première page.

La crise mondiale – la dernière d'une longue série d'autres qui avaient tenu le monde en haleine pendant des années – durait depuis plus d'un mois. Le plus grave était que la plupart de ces crises étaient artificielles et délibérées. Tantôt un camp, et tantôt l'autre, cherchait à s'assurer une position avantageuse dans cette incessante partie d'échecs qui avait commencé à la fin de la Seconde Guerre mondiale.

Les commentaires du *Times* au sujet de cette conférence avaient un accent désespéré, presque fataliste, comme si leurs auteurs – et, peut-être, les diplomates et tous ceux qui étaient aux premières loges – savaient que rien ne sortirait de cette rencontre, qu'elle ne ferait même qu'envenimer les choses.

Les observateurs de la capitale, écrivait le correspondant du journal à Washington, *n'envisagent pas que la conférence puisse servir, comme d'autres analogues ont parfois pu le faire précédemment, à retarder l'heure de l'épreuve de force ou à avancer sur la voie d'un règlement. C'est à peine si certains milieux cachent leur inquiétude de voir cette réunion attiser au contraire la querelle sans ouvrir pour autant de perspectives de compromis. On considère dans le public que les rencontres de ce genre sont censé permettre un examen sans passion des faits et des problèmes en litige. Malheureusement, rien n'indique que ce soit, en l'occurrence, le cas de la présente conférence.*

Le café passait dans la cafetière. Enoch jeta le journal et s'en versa une tasse. Mais, avant de se mettre à table, il sortit son diagramme et l'étala à côté de lui. Une fois de plus, il se demanda jusqu'à quel point il était valable. Certains de ses éléments semblaient parfois avoir un sens.

Il avait travaillé à ce tableau en se fondant sur la théorie des statisticiens de Mizar et, en raison de la nature particulière de sa recherche, il avait été obligé de remplacer certains facteurs par d'autres, de modifier certaines valeurs. Avait-il commis une erreur quelque part? C'était la millième fois qu'il se posait la question. Ces transformations avaient-elles faussé le système tout entier? Et, dans ce cas, comment corriger l'erreur?

Il récapitula ses paramètres : le taux de naissance et le chiffre de la population totale de la Terre, le taux de mortalité, les cours des changes, la hausse du coût de la vie, l'état du marché du travail, la fréquentation des lieux du culte, les progrès de la médecine et ceux de la technique, les indices de la production industrielle, l'offre en matière d'emploi, les tendances des échanges internationaux... Sans compter bien d'autres facteurs à première vue hétéroclites : la cote des valeurs artistiques, les lieux de vacances préférentiels et les mouvements de migration estivale, la rapidité des moyens de transport, l'incidence du déséquilibre mental.

Il savait que les méthodes statistiques mizariennes étaient valables n'importe où et en n'importe quel domaine si elles étaient appliquées correctement. Seulement, il lui avait fallu transposer la situation propre à une planète étrangère pour trouver une correspondance avec la situation qui existe sur la Terre. Son travail conservait-il sa valeur après tant de manipulations?

Il haussa les épaules avec impuissance. S'il n'avait pas commis d'erreur, s'il avait manié correctement son instrument mathématique, si les transpositions auxquelles il avait été contraint n'avaient pas porté atteinte au principe de base, la conclusion qui se dégageait du diagramme était nette : la Terre se ruait tête baissée vers une nouvelle guerre mondiale, vers l'holocauste de la destruction nucléaire.

Enoch roula son tableau. Il prit un des fruits dont le voyageur de Sirrah lui avait fait cadeau et y mordit à belles dents. C'était savoureux. Aussi bon que la créature qui ressemblait à un oiseau l'avait annoncé.

Jadis, il avait plus ou moins espéré que son diagramme montrerait qu'il existait un moyen, sinon de mettre définitivement fin aux guerres, tout au moins de sauvegarder la paix. Mais la route de la paix ne lui était jamais apparue. Inexorablement, c'était celle de la guerre qu'indiquait le tableau.

Combien de guerres les Terriens pourront-ils encore supporter? se demanda Enoch.

Qui pourrait le dire? Mais une de plus serait peut-être déjà trop. Car la puissance des armes qui seraient utilisées dans un éventuel conflit n'avait pas encore été mesurée. Nul n'était capable d'évaluer avec précision les effets qu'aurait leur emploi.

La guerre était déjà quelque chose d'affreux quand les hommes s'affrontaient individuellement, les armes à la main, mais, maintenant, la dévastation s'abattrait du haut du ciel sur des cités immenses. Les objectifs ne seraient plus les concentrations militaires mais des populations entières.

Enoch tendit à nouveau la main vers son diagramme mais il n'acheva pas son geste. Il n'avait plus besoin de le consulter : il le connaissait par cœur. Et il n'y avait plus d'espoir. Il pouvait bien l'étudier et se creuser les méninges jusqu'au jour J de l'apocalypse, le verdict ne changerait pas d'un iota. Non : il ne restait plus l'ombre d'une chance. Le monde, une fois de plus, se précipitait frénétiquement sur le chemin de la guerre.

Il acheva son fruit, plus délicieux encore qu'à la première bouchée. La créature lui avait dit qu'elle lui en apporterait d'autres lors de son prochain voyage. Mais peut-être ne reviendrait-elle pas avant longtemps. Peut-être ne reviendrait-elle jamais. Nombreux étaient les extra-terrestres qui ne faisaient que passer; quelques-uns, néanmoins, réapparaissaient presque toutes les semaines. Ceux-là, les fidèles, les habitués, étaient devenus des amis. Des amis chers.

Enoch se souvint soudain de ce petit groupe de Lumineux qui, il y avait bien longtemps de cela, s'étaient arrangés pour faire des stages prolongés à la base; ils s'asseyaient autour de la table même devant laquelle Wallace était installé et la conversation durait des heures. Ils apportaient des paniers pleins de choses à manger et à boire. Comme pour un pique-nique.

Et puis, ils avaient cessé de venir. Depuis des années, Enoch n'en avait plus vu un seul. Et il le regrettait : c'étaient d'agréables compagnons.

Wallace avala une seconde tasse de café, se remémorant nonchalamment le temps où les Lumineux venaient lui rendre visite.

10

Il entendit soudain un léger bruit et tourna vivement la tête. Une jeune femme était assise sur le divan, avec sa jupe à crinoline à la mode de 1850, les mains sagement croisées sur ses genoux.

Surpris, Enoch se leva, en posant sa tasse vide.

– Mary!

Elle lui souriait de son sourire bien à elle. Elle est belle, songea Enoch. Plus belle qu'aucune autre femme.

– C'est merveilleux de vous voir, Mary.

Et voilà qu'un autre de ses amis était là, lui aussi, accoudé à la cheminée. Un sabre, des moustaches, l'uniforme bleu des Fédérés...

– Bonjour, Enoch, fit David Ransome. J'espère que nous ne vous importunons pas.

– Vous ne m'importunez jamais. Comment des amis pourraient-ils être importuns ?

Enoch était replongé dans le passé. Le bon vieux passé. Reposant, fleurant la rose. Ce passé qui ne l'avait jamais quitté.

Là-bas, sifflaient les fifres et battaient les tambours; les harnais s'entrechoquaient tandis que les troupes marchaient à la bataille derrière un fringant colonel en grand uniforme, fièrement dressé sur son étalon noir, et que les drapeaux des régiments claquaient dans l'air lourd.

Enoch s'avança vers le divan et s'inclina légèrement devant Mary.

– Avec votre permission, madame...

– Faites donc, je vous en prie. Si vous êtes occupé, nous comprendrons parfaitement que vous...

– Absolument pas. J'espérais votre visite.

Il s'assit en prenant soin de rester à distance respectueuse de Mary. Il avait envie de lui prendre la main, de la serrer un instant dans la sienne. Mais il savait que c'était impossible.

Parce que Mary n'était pas véritablement là.

– Il y a presque une semaine que je ne vous ai vu, dit Mary. Où en sont les choses, Enoch ?

Il secoua la tête.

– Toujours les mêmes problèmes. Les guetteurs. Et le diagramme qui prévoit la guerre.

David, abandonnant la cheminée, prit place dans un fauteuil.

– De la façon dont on la fait aujourd'hui, la guerre

est une bien triste affaire, fit-il en arrangeant son sabre pour qu'il ne le gênât pas. Nous ne nous battions pas comme cela, nous autres, n'est-ce pas ?

– Non, répondit Enoch. Non. Nous ne nous battions pas comme cela. Une guerre serait catastrophique mais il y a encore pire : si un nouveau conflit éclate, la Terre sera exclue de la fraternité galactique pendant des siècles et des siècles.

– Ce ne serait peut-être pas un si grand mal, fit David. Il est possible que nous ne soyons pas encore prêts à rejoindre les peuples de l'espace.

– Effectivement, je crains que nous ne le soyons pas. Mais nous le serons sans doute un jour et, si guerre il y a, ce jour sera d'autant plus éloigné. Si l'on veut rejoindre les autres races de l'univers, il faut avoir un minimum, au moins apparent, de civilisation.

– Peut-être ne sauront-ils pas qu'il y a eu la guerre, dit Mary. Ils ne sortent jamais des murs de la station.

Enoch secoua la tête.

– Ils le sauront. Je crois qu'ils nous surveillent. D'ailleurs, ils lisent les journaux.

– Ceux auxquels vous êtes abonné ?

– Je les garde pour Ulysse. Chaque fois qu'il passe, je les lui remets et il les apporte au Central Galactique. Il s'intéresse beaucoup à la Terre, vous savez. En outre, j'ai comme une idée que, une fois arrivée au Central, notre presse est diffusée aux quatre coins de la galaxie.

– Vous rendez-vous compte de la stupéfaction qu'éprouverait le service des ventes de ces journaux s'ils savaient jusqu'où circulent leurs gazettes? murmura David.

Enoch sourit.

– Il y a un journal de Géorgie dont le slogan proclame qu'il couvre le Sud comme la rosée. Il faudrait inventer quelque chose du même genre au niveau de la galaxie.

– Un gant! s'exclama Mary. Le quotidien qui enveloppe la galaxie comme un gant! Qu'en pensez-vous?

– C'est excellent, acquiesça David.

– Pauvre Enoch, enchaîna Mary d'une voix contrite. Nous plaisantons alors qu'il a tellement de problèmes.

– Oh ! ce n'est pas à moi à les résoudre. Seulement, cela me tracasse. Moi, je n'ai qu'à rester à l'intérieur de la station et là, il n'y a pas de problèmes. Il suffit de fermer la porte. Le monde extérieur n'entre pas.

– Mais vous ne pouvez pas lui fermer la porte.

– Non.

– Vous avez sans doute raison de penser que les autres races nous tiennent en observation, fit David. En songeant peut-être à inviter, un jour, celle des hommes à se joindre à elles. Sinon, pourquoi auraient-ils tellement tenu à avoir une base sur la Terre?

– Ils élargissent perpétuellement leur réseau, répondit Enoch. Ils avaient besoin de disposer d'une station dans notre système solaire afin de s'étendre dans ce bras spiral.

– C'est juste mais ils auraient pu édifier leur base ailleurs que chez nous. S'ils en avaient construit une sur Mars, avec un extra-terrestre comme gardien, cela eût suffi.

– J'y ai souvent pensé, fit Mary. Ils voulaient une base sur la Terre et un Terrien pour s'en occuper. Ils avaient sûrement une idée derrière la tête.

– C'est ce que j'espérais, dit Enoch. Mais j'ai peur qu'ils ne soient venus trop tôt. C'est prématuré. La race humaine est encore trop jeune.

– Quelle honte! murmura Mary. Que de choses avons-nous encore à apprendre! Ils sont tellement plus savants que nous... Leurs notions en matière de religion, par exemple...

– Je ne sais pas s'il s'agit vraiment d'une religion. Cela n'a pas l'appareil généralement associé à la religion. Et ce n'est pas fondé sur la foi. La foi n'est pas une nécessité. La base de leurs croyances, c'est la connaissance. Ce sont des gens qui savent, voyez-vous.

– C'est à la force spirituelle que vous pensez?

Enoch répondit :

– Elle existe au même titre que toutes les autres forces qui constituent l'univers. Oui, il y a une force spirituelle exactement comme il y a des choses que l'on appelle le temps, l'espace ou la gravitation pour ne parler que de ces seuls éléments immatériels. Elle existe et ils peuvent entrer en contact avec elle...

David intervint :

– Mais ne pensez-vous pas que ce soit là quelque chose que la race des hommes puisse sentir? Pas comprendre mais sentir intuitivement. Que les hommes y tendent? N'ayant pas la connaissance, ils font de leur mieux avec la foi. Et la foi vient de loin. Des temps préhistoriques, peut-être.

– Sans doute, répondit Enoch. Mais ce n'était pas à la force spirituelle que je faisais allusion. Il y a tout le reste – les choses matérielles, les méthodes, les philosophies que nous pourrions utiliser. Dans toutes les branches de la science.

Mais les pensées d'Enoch revenaient vers cette étrange force spirituelle, vers cet engin, plus étrange encore, construit depuis des éternités, et par le truchement duquel les Galactiques étaient capables de communier avec cette force. La machine portait un nom mais aucun vocable terrien ne pouvait la définir avec précision.

« Talisman » était le mot le plus proche, encore que beaucoup trop grossier. C'était néanmoins ce terme qu'avait utilisé Ulysse lorsque, quelques années auparavant, il en avait parlé à Enoch.

Que de choses, que de concepts familiers aux peuples de la Galaxie ne pouvaient être correctement traduits dans les langues de la Terre! Le Talisman était plus qu'un talisman et la machine ainsi baptisée plus qu'une simple machine. Outre certains éléments de nature mécanique, elle comportait un facteur psychique. Une forme d'énergie immatérielle inconnue sur Terre, peut-être. Et beaucoup d'autres données encore. Enoch avait lu un certain nombre de textes traitant de cette force spirituelle et du Talisman; il se rappelait qu'il avait alors constaté à quel point son entendement – et c'était celui de la race humaine tout entière – était limité.

Le Talisman ne pouvait être mis en œuvre que par certains êtres possédant un type d'intelligence particulier et quelque chose de plus (un type particulier... d'âme?). En lui-même, et faute d'un mot permettant une meilleure traduction du concept, il appelait ces êtres des « sensitifs ». Le Talisman était placé sous la garde du plus compétent, du plus efficace ou du plus dévoué des sensitifs galactiques, quel qu'il fût, et qui le transportait d'étoile en étoile. C'était une sorte de transmigration qui n'avait pas de fin. Et les habitants de chaque planète venaient pour établir un contact direct et personnel avec la force spirituelle par le canal du Talisman et de celui qui était préposé à sa garde.

Enoch s'aperçut qu'il tremblait. D'extase. Entrer en contact avec la spiritualité même qui imbibait la galaxie et, probablement, l'univers entier... Ce serait l'assurance que la vie occupait une place spéciale dans le grand schéma de l'existence; que, si petit, si faible, si insignifiant qu'on fût, on était quelque chose de réel dans l'immensité de l'espace et du temps.

– Qu'y a-t-il, Enoch? demanda Mary.

– Rien. Je pensais à autre chose, excusez-moi. Je vais être plus attentif.

– Vous parliez de ce que nous pourrions glaner dans la galaxie, enchaîna David. Pour commencer, il y a cette étrange science mathématique dont vous nous avez parlé un jour...

– Les mathématiques arcturiennes? Je n'en sais pas beaucoup plus à ce propos aujourd'hui. Elles sont trop complexes. Elles ont pour fondement le symbolisme du comportement.

Pouvait-on donner à cette science le qualificatif de mathématique? Sans aucun doute, les savants de la Terre, s'ils possédaient pareil instrument, seraient à même de l'utiliser en sociologie appliquée pour obtenir des résultats aussi logiques et efficaces que lorsqu'ils mettaient au point des *gadgets* en se servant des mathématiques vulgaires.

– Et la biologie de cette race d'Andromède qui a colonisé toutes ces planètes invraisemblables, dit Mary.

– Oui, je sais. Mais les Terriens devront encore accomplir un certain nombre de progrès en ce qui concerne leur attitude intellectuelle et émotionnelle avant de pouvoir se risquer à en faire usage comme les Andromédiens. Néanmoins, j'imagine que la biologie andromédienne pourrait avoir des applications.

Enoch frissonna en songeant à ce que faisaient les Andromédiens. Cette réaction, il le savait, était la preuve qu'il était encore un Terrien avec toutes les préventions, tous les préjugés, tous les partis pris désuets qui affligent l'esprit humain. Car, en agissant comme ils l'avaient fait, les Andromédiens avaient tout simplement choisi la voie du bon sens. Si votre forme physique vous interdit de coloniser une planète, vous n'avez qu'à changer de forme! A vous métamorphoser en un être capable de vivre sur la planète en question; il ne vous reste plus alors qu'à en prendre possession. S'il vous faut, pour cela, être un ver blanc, eh bien, vous devenez un ver blanc. Ou un coléoptère. Ou un crustacé. Ou n'importe quoi d'autre. Et ce n'est pas seulement votre enveloppe corporelle qui se transforme : votre esprit subit le même avatar, il devient le type d'esprit qu'il faut pour que vous puissiez vivre dans ce milieu étranger.

– Et les remèdes, poursuivit Mary. Les connaissances médicales que la Terre pourrait utiliser... Je pense à ces médicaments que le Central Galactique vous a envoyés.

– Des drogues qui peuvent guérir la plupart des maladies existantes. Oui... C'est peut-être cela qui me déchire le plus le cœur. Savoir que le paquet est là, dans ce placard, et que son contenu pourrait rendre service à tant de gens...

– Pourquoi ne pas envoyer des échantillons à des associations de médecins ou à un grand laboratoire? suggéra David.

Enoch hocha la tête.

– J'y ai déjà pensé. Seulement, il faut tenir compte de la galaxie. J'ai des obligations à l'égard du Central Galactique. Ils ont pris les plus grandes précautions pour que la station passe inaperçue : je ne peux pas démolir leurs plans. Réfléchissez : le Central et le travail qu'il accomplit ont plus d'importance que n'en a la Terre.

– Vous voilà partagé entre deux loyalismes, persifla David.

– Exactement. A une certaine époque, bien lointaine déjà, j'ai songé à envoyer des articles à des publications scientifiques. Pas à des revues médicales, évidemment, parce que je n'y connais rien en médecine. Les drogues sont là, bien sûr, sur cette étagère, avec leur mode d'emploi, mais ce ne sont jamais que des pilules, des poudres, des pommades ou je ne sais quoi. Néanmoins, j'ai appris différentes choses. Ce n'est pas énorme, naturellement, mais certaines perspectives me sont quand même apparues. Telle ou telle direction à donner aux recherches. Suffisamment pour que quelqu'un puisse s'engager dans telle ou telle voie nouvelle. Quelqu'un qui saurait où aller ensuite.

– Cela n'aurait rien donné, dit David. Vous n'avez ni connaissances techniques ni bagage scientifique. Vous n'avez pas fait d'études de médecine. Vous n'êtes en rapport avec aucune université, aucune académie. Pas un journal scientifique n'accepterait de publier une ligne de vous dans ces conditions.

– Je le sais parfaitement et c'est bien pour cela que je n'ai jamais rien écrit. Je savais que ce serait inutile. Mais on ne peut pas blâmer ces revues pour autant. C'est une question de responsabilité. Leurs pages ne sont pas des tribunes à la disposition du premier venu. Et même si les rédactions avaient été suffisamment impressionnées par d'éventuels articles pour envisager de les publier, on aurait cherché à savoir qui je suis. Et on serait alors tombé droit sur la station.

– D'ailleurs, vous n'auriez pas pu dire grand-chose. La science de la galaxie est tellement éloignée des sentiers battus...

– Bien sûr. Il n'y a qu'à penser à la structure intellectuelle des gens de Mankalinen III, par exemple. Si la Terre pouvait l'appréhender, la guérison des névroses et de l'aliénation mentale serait acquise. On pourrait vider tous les asiles et les détruire de fond en comble pour en faire quelque chose d'autre. Nous n'aurions plus besoin d'hôpitaux psychiatriques. Mais personne, en dehors des naturels de Mankalinen III, ne peut nous donner d'informations à ce sujet. Tout ce que je sais, c'est qu'ils sont célèbres pour leur structure intellectuelle; un point, c'est tout. Je n'ai pas le plus léger indice qui pourrait me permettre de deviner pourquoi et comment. Seuls les Galactiques sont en mesure de nous donner des renseignements.

– En fait, vous êtes en train d'évoquer toutes les

sciences qui n'ont pas de nom, fit Mary. Celles dont les humains n'ont pas la moindre idée.

– Des humains comme nous, peut-être! jeta David.

– David! s'écria Mary.

Il lui lança un regard courroucé.

– Il est absurde, dit-il, de faire semblant d'être des gens.

– C'est pourtant le cas, répliqua Enoch d'une voix tendue. En ce qui me concerne, vous êtes des gens. Les seuls avec qui je sois en relation. Qu'est-ce qui vous prend, David?

– Je crois que l'heure est venue de proclamer bien haut ce que nous sommes en réalité : une illusion. Des fantômes que l'on crée et que l'on évoque. Notre existence n'a qu'un seul but : accourir à votre appel et vous faire la conversation pour remplacer les gens réels qui vous manquent.

– Mary, est-ce que vous pensez la même chose? Ce n'est pas possible que, vous aussi...

Il tendit les bras vers elle. Et les laissa retomber, terrifié à l'idée de ce qu'il avait failli faire. C'était la première fois qu'il essayait de la toucher.

La première fois, depuis des années et des années, qu'il avait oublié.

– Pardon, Mary. Je n'aurais pas dû.

Des larmes brillaient dans les yeux de la jeune femme.

– J'aimerais tant que ce soit possible, Enoch.

– David! appela Wallace sans tourner la tête.

– Il est parti, murmura Mary.

– Alors, il ne reviendra plus.

Mary secoua la tête.

– Qu'y a-t-il, Mary? Qu'est-ce que cela signifie? Qu'est-ce que j'ai fait?

– Rien sinon que vous nous avez rendus trop semblables aux êtres de chair et de sang. Nous sommes devenus de plus en plus humains et, à présent, nous le sommes totalement. Nous avons cessé d'être des marionnettes, de jolies marionnettes : nous sommes des gens. Des vrais individus. Je suppose que c'est cela qui ronge David. Pas d'être quelqu'un de réel mais de rester une ombre tout en étant quelqu'un de réel. Quand nous étions des marionnettes, des mannequins, cela n'avait pas d'importance parce que, alors, nous n'étions pas humains. Nous n'éprouvions pas de sentiments humains.

– Pardon, Mary! Pardon... Pardon!

Elle pencha vers lui un visage illuminé de tendresse.

– Il n'y a rien à pardonner, Enoch. Au contraire, nous devrions sans doute vous être reconnaissants. Vous nous avez créés par un acte d'amour et parce que nous vous étions nécessaires. Vous nous aimez et vous avez besoin de nous : n'est-il pas merveilleux de savoir qu'on est aimé et qu'on a besoin de vous?

– Mais j'ai cessé de vous matérialiser, protesta Enoch. J'ai été obligé de vous créer il y a longtemps. Mais je ne vous invoque plus. C'est librement, c'est de votre plein gré que vous venez, à présent.

Depuis combien de temps duraient-elles, ces visites? Cinquante ans au bas mot. D'abord, il y avait eu Mary. David n'était venu qu'ensuite. Ces deux-là étaient ceux qui avaient toujours été le plus chers au cœur d'Enoch. Infiniment plus qu'aucun des autres.

Et, avant sa première tentative, combien d'années avait-il consacrées à l'étude de la science inconnue des thaumaturges d'Alphard XXII?

A une certaine époque, on eût crié à la magie noire. Mais il n'était pas question de magie noire. Il s'agissait simplement de la manipulation méthodique de certaines forces naturelles présentes dans l'univers et dont les humains ne soupçonnaient pas l'existence. Que, peut-être, ils ne découvriraient jamais. Pour l'instant, en tout cas, leur esprit scientifique ne s'orientait pas dans cette direction.

– David estime qu'il n'est pas possible de continuer éternellement ce jeu, poursuivit Mary. Il fallait qu'un jour nous ayons à faire face à la réalité de notre être.

– Et les autres?

– Je suis navré, Enoch; ils pensent la même chose.

– Mais vous, Mary? Vous?

– Je ne sais pas. Le problème est différent pour moi. Je vous aime beaucoup, Enoch.

– Moi aussi, je...

– Non, ce n'est pas cela que je voulais dire. Vous ne comprenez pas? Je vous aime d'amour.

Enoch, stupéfait, dévisagea Mary.

– Si seulement les choses avaient pu continuer comme au début, soupira-t-elle. Nous étions heureux d'exister. Nos émotions étaient si ténues. C'était le bonheur. Nous étions comme des enfants gambadant au soleil. Mais les enfants ont grandi. Moi encore plus que les autres, je crois bien. (Elle lui sourit. Il y avait toujours des larmes dans ses yeux.) Il ne faut pas que vous ayez du chagrin, Enoch. Nous pouvons...

– Mary, moi aussi je vous aime depuis le premier jour. Et je crois que je vous aimais déjà avant.

Il avança la main vers elle mais, se rappelant à temps, il n'alla pas jusqu'au bout de son geste.

– Je ne savais pas, dit-elle. Je n'aurais pas dû vous le dire. Vous auriez continué de vivre en ignorant mon amour.

Il hocha la tête avec hébétude.

Mary baissa les yeux et murmura :

– Nous ne méritons pas cela, mon Dieu! Nous n'avons rien fait pour mériter cela. (Elle le regarda en face :) Si seulement je pouvais vous toucher, rien que vous toucher...

– Nous pouvons continuer, Mary. Agir comme par

le passé. Vous pourrez venir aussi souvent que vous le voudrez. Nous pouvons...

Elle secoua la tête.

– Ce serait une erreur. Ni vous ni moi ne le supporterions.

Elle avait raison. Enoch savait que l'irrémédiable était accompli. Il y avait cinquante ans que Mary et les autres lui rendaient visite et, désormais, ils ne reviendraient plus. Le Pays des Merveilles était saccagé, le charme n'opérait plus. Wallace était abandonné à lui-même, réduit à sa solitude. Une solitude plus inexorable qu'elle ne l'avait jamais été. Il se retrouvait plus seul qu'avant de la connaître.

Elle ne reviendrait plus et il ne pourrait jamais se résoudre à l'invoquer à nouveau, à supposer qu'il pût le faire. Son univers fantôme, son amour fantôme – le seul amour qu'eût jamais connu Enoch Wallace – étaient définitivement anéantis.

– Adieu, mon amour, murmura-t-il.

Mais il était trop tard : déjà Mary avait disparu.

Le sifflement de la machine à messages qui retentit soudain lui semblait venir de très loin.

11

Faire face à leur réalité. C'était cela que Mary avait dit.

Mais qu'étaient-ils? Qu'étaient-ils effectivement? Que pensaient-ils qu'ils étaient? Peut-être le savaient-ils mieux qu'Enoch lui-même?

Où Mary s'en était-elle allée? Quand elle avait disparu de la pièce, dans quels limbes avait-elle plongé? Existait-elle encore? Et, en ce cas, quelle sorte d'existence était la sienne? Etait-elle rangée quelque part comme une poupée dans sa boîte, qu'une fillette fourre au fond d'un placard en compagnie de ses autres poupées?

Enoch essaya d'imaginer ces limbes. C'était un néant. Alors, un être englouti dans ce néant serait un noyau d'existence à l'intérieur de la non-existence. Rien.... Ni espace, ni temps, ni air, ni lumière. Pas de couleur. Pas de vision. Rien qu'un vide sans fin, tapi quelque part hors de l'univers.

– *Mary! Que t'ai-je fait?* hurla Enoch.

La réponse était là. Inexorable. Brutale.

Il avait manipulé quelque chose qu'il ne comprenait pas. Et il avait commis un péché plus grave encore : celui de croire qu'il comprenait. Plus précisément, il en avait compris assez pour que la théorie donnât un résultat pratique – mais pas assez, cependant, pour en discerner toutes les conséquences.

Créer, c'est être responsable et Enoch ne pouvait assumer que la responsabilité morale du mal dont il était l'auteur. Or, la responsabilité morale ne sert strictement à rien si l'on est incapable de réparer au moins dans une certaine mesure le mal qui a été commis.

Ils le détestaient. Ils lui en voulaient. Ce n'était pas eux qui étaient à blâmer. Il les avait conduits en vue de la Terre promise de l'humanité – puis il leur en avait interdit l'accès. Il les avait dotés de tous les attributs de cette humanité à l'exception d'un seul : la capacité de vivre dans le monde de l'humain.

Et ils le détestaient tous. Sauf Mary. Pour elle, c'était pire que la haine : elle était condamnée à aimer le monstre qui l'avait créée.

– *Il faut que tu me haïsses, Mary,* implora-t-il. *Il faut que tu me haïsses. Comme les autres!*

Il les avait appelés des ombres mais il ne s'agissait là que d'une désignation commode, une simple étiquette, un moyen pratique de les identifier dans son for intérieur.

Or, c'était là une mauvaise définition. Ce n'était ni des ombres ni des spectres. A première vue, ils étaient aussi tangibles et matériels que n'importe qui. C'était seulement lorsqu'on essayait de les toucher que l'on s'apercevait qu'ils n'étaient pas réels : à ce moment, on se rendait compte qu'il n'y avait... rien.

Au début, il s'était dit qu'ils étaient des produits de son imagination mais il n'en était plus aussi sûr, maintenant. A l'époque, ils ne venaient que quand, utilisant la science et les techniques qu'il avait acquises en étudiant l'œuvre des thaumaturges d'Alphard XXII, il les appelait. Or, depuis plusieurs années, il avait cessé de les invoquer. Ce n'était plus la peine : ils le devançaient. Ils sentaient qu'il avait besoin d'eux avant qu'il ne le sache lui-même. Et ils arrivaient, prêts à passer une heure en sa compagnie.

Naturellement, ils étaient en un sens issus de son esprit puisqu'il leur avait donné forme, inconsciemment peut-être au début, sans savoir pourquoi il les créait ainsi. Mais, depuis quelques années, Enoch savait à quoi s'en tenir, encore qu'il eût lutté pour se cacher la vérité car c'était une vérité inconfortable. Se refusant à l'admettre, il l'avait enfouie au plus profond de son oubli. Et à présent, alors que ses ombres familières s'en étaient allées, alors que cela n'avait plus d'importance aucune, il regardait enfin cette vérité en face.

David Ransome était Enoch Wallace lui-même. Tel qu'il s'était rêvé, tel qu'il aurait souhaité être – et que, bien sûr, il n'avait jamais été. Un sémillant officier unioniste d'un grade suffisamment modeste pour ne pas être cassant et gourmé, mais bien au-dessus du banal. Tiré à quatre épingles, jovial, d'une audace diabolique, aimé des femmes, admiré des hommes. A la fois chef-né et aimable compagnon, aussi à l'aise sur le champ de bataille que dans un salon.

Et Mary? C'est drôle, se dit Enoch, je ne l'ai jamais appelée autrement que Mary. Elle n'avait pas de patronyme. C'était simplement Mary.

Et elle était au moins deux femmes, sinon plus. Elle était Sally Brown, Sally Brown qui habitait alors tout à côté de chez lui – depuis combien de temps Enoch n'avait-il pas pensé à elle? Etrange que le souvenir brusquement surgi d'une voisine d'autrefois, oubliée depuis si longtemps, le troublât à ce point. Ils s'étaient aimés. Ou, peut-être, l'avaient-ils seulement cru. Même par la suite, lorsqu'il songeait au passé embrumé, Enoch avait été incapable, en effet, de dire avec certitude si ç'avait été l'amour ou le simple rêve romanesque d'un soldat partant pour la guerre. Un amour timide et maladroit entre un jeune paysan et la jeune paysanne d'à côté. Il avait été décidé qu'ils se marieraient quand Enoch reviendrait de la guerre mais, quelques jours après la bataille de Gettysburg, il avait reçu une lettre vieille de trois semaines lui annonçant la mort de Sally Brown, emportée par la diphtérie. Il avait eu du chagrin, il se le rappelait maintenant, mais quelle était la profondeur de sa peine? Cela, il ne se le rappelait point. Encore qu'elle avait probablement dû être profonde : les grandes douleurs étaient à la mode, en ce temps-là.

Oui, il n'y avait aucun doute, Mary avait été en partie Sally Brown. Mais pas uniquement elle. Elle était aussi cette fille du Sud, grande et majestueuse, qu'il avait entr'aperçue quelques instants seulement un jour alors qu'il marchait sur une route poudreuse de Virginie sous le soleil brûlant. Une grande plantation comme on en trouvait tant là-bas se dressait un peu à l'écart du chemin et la femme, debout près d'une des grandes colonnes blanches du portique, regardait passer l'ennemi. Sa chevelure était brune et son visage était plus pâle que le pilier auquel elle s'adossait. Elle se tenait si rigide et si altière, si farouche et si impérieuse qu'Enoch s'était souvenu d'elle, avait pensé à elle, avait rêvé d'elle à travers les épreuves de la guerre, la poussière et la sueur des combats. Pourtant, il ignorait jusqu'à son nom. Et il se demandait s'il n'était pas ainsi infidèle à Sally. Enroulé dans sa couverture à l'heure où, autour du feu de camp, les conversations s'apaisent progressivement, contemplant les étoiles, il laissait son imagination l'emporter : la guerre finie, il retournerait en Virginie pour la retrouver : peut-être ne serait-elle plus là; en ce cas, il sillonnerait les routes du Sud jusqu'à ce que sa quête soit couronnée de succès. Mais il n'avait jamais mis ce projet à exécution. Il n'avait jamais véritablement voulu la retrouver. Ce n'avait été qu'un rêve de bivouac.

Mary était l'une et l'autre de ces femmes – elle était Sally Brown et elle était la belle Virginienne inconnue, debout devant le pilier, qui regardait défiler l'armée. Elle était leur projection et, peut-être, celle d'une multitude de femmes encore dont il n'avait pas conscience, l'image composite de toutes celles qu'il avait connues, vues ou admirées. Un idéal et une perfection. La femme totale jaillie de l'esprit d'Enoch. Et, à présent, Mary avait le sort de Sally Brown qui reposait dans sa tombe, le sort de la Virginienne perdue dans les brumes du temps, le sort de toutes celles qui avaient contribué à faire éclore la belle image : elle avait disparu à jamais.

Et il l'avait aimée, c'était incontestable, car elle avait été la synthèse de toutes ses amours, l'abrégé, en quelque sorte, de toutes les femmes qu'il avait aimées (pour autant qu'il en eût réellement aimé une) ou cru aimer, même dans l'abstrait.

Mais l'idée qu'elle pût, elle aussi, l'aimer ne lui avait jamais effleuré l'esprit. Tant qu'il l'ignorait, il avait été possible à Enoch de cultiver ce sentiment dans le secret de son cœur tout en sachant que c'était là un amour sans espoir, un amour irréalisable – mais le seul auquel il pouvait aspirer.

Où était-elle, à présent? Avait-elle regagné ces limbes qu'il avait tenté de se représenter? Ou était-elle retournée à quelque étrange non-existence d'où elle ne sortait que lorsque le moment venait de retrouver Enoch?

Il cacha son visage dans ses mains; il se sentait malheureux et coupable. Elle ne reviendrait plus. Il souhaitait qu'elle ne revienne plus. Cela vaudrait mieux pour l'un comme pour l'autre.

Si seulement il savait avec certitude où elle se trouvait! Si seulement il pouvait être sûr que son état actuel fût à la semblance de la mort, que la pensée, cette torture, lui fût épargnée!

L'idée que Mary pût être consciente était intolérable à Enoch.

Le sifflement de la machine annonçant l'arrivée d'un message le fit sortir de sa prostration. Il leva sa tête qu'il avait enfouie entre ses bras. Mais il restait assis. A tâtons, il tendit la main vers la petite table posée derrière le canapé et sur laquelle étaient disposés quelques-uns des objets parmi les plus brillants dont les extra-terrestres lui avaient fait don.

Il prit un cube façonné dans une matière qui pouvait être une bizarre sorte de verre ou une pierre translucide – il n'était jamais arrivé à une conclusion définitive sur ce point – et l'approcha de son visage. Il y vit une minuscule image, un paysage en relief, riche en détails. Un paysage féerique. C'était un décor adorablement baroque, tapi au cœur de ce que l'on pouvait penser être une clairière et serti dans un berceau de champignons en fleurs. Une neige dont chaque flocon était comme un joyau brillant de feux violets pleuvait d'un vaste soleil bleu.

Des formes dansantes peuplaient la clairière. Elles

ressemblaient plus à des fleurs qu'à des animaux mais elles se mouvaient avec grâce et le spectacle était d'une poésie à vous couper le souffle.

Soudain, le pays féerique s'effaça, remplacé par un autre, sauvage et désolé, hérissé de hautes falaises lugubres montant à l'assaut d'un sinistre ciel rouge. Des créatures qui ressemblaient à des espèces de chiffons palpitants voletaient autour des pics, d'autres, immondes, étaient perchées sur les excroissances noueuses de ce qui était sans doute des arbres torves plantés tout en haut de la paroi abrupte. De très loin, venait le mugissement d'un torrent.

Enoch reposa le cube sur la table.

Il se demanda ce qu'étaient les vues qu'il y distinguait. C'était comme s'il feuilletait un livre dont chaque page aurait représenté un lieu différent mais sans qu'il fût possible de dire lequel. Quand il avait reçu ce présent, il avait passé des heures éblouissantes à regarder ses images changeantes et dont aucune ne ressemblait, si peu que ce fût, aux précédentes. On avait l'impression que ce n'étaient pas vraiment des images mais les paysages eux-mêmes; qu'à tout instant, on risquait de perdre l'équilibre et de plonger la tête la première dans le vivant décor.

Mais, finalement, Enoch s'était lassé. S'hypnotiser sur ces panoramas sans identité était absurde. Pour lui, Terrien évidemment; pas pour l'habitant d'Enif V qui lui avait remis ce présent. Qui sait si l'objet n'était pas aux yeux de celui-ci quelque chose de très important, de très précieux?

Il en allait ainsi de la plupart des trésors d'Enoch. Même des cadeaux qui lui avaient fait plaisir. Il savait qu'il les utilisait sans doute à tort et à travers. Ou, tout au moins, d'une façon qui n'avait rien à voir avec la fonction à laquelle ces objets étaient destinés.

Il y en avait pourtant quelques-uns — très peu, évidemment – qu'il était en mesure de comprendre et dont il pouvait apprécier l'intérêt quoique, bien souvent, ils lui fussent de peu d'utilité. Par exemple, la minuscule horloge qui donnait le temps local pour tous les secteurs de la galaxie; le mélangeur à parfums – c'était le meilleur nom qu'il avait trouvé – permettant de créer toutes les odeurs que l'on désirait : il suffisait de choisir celle que l'on voulait et d'activer l'appareil – aussitôt, la pièce embaumait jusqu'à ce que l'on arrêtât le mécanisme. Enoch avait connu de grandes joies grâce à ce cadeau; un soir d'hiver, après de longs tâtonnements, il avait réussi à recréer l'arôme des pommiers en fleur et, jusqu'au soir, tandis que, dehors, hurlait la tempête, il avait vécu une journée de printemps.

Wallace tendit à nouveau le bras vers la table basse et prit un autre objet. C'était beau. C'était une chose qui l'avait toujours intrigué et dont il n'était jamais parvenu à trouver à quoi elle était destinée. A supposer qu'elle fût destinée à remplir une fonction. Peut-être ne s'agissait-il que d'une œuvre d'art simplement conçue pour le plaisir des yeux. Et pourtant, il en émanait un Dieu sait quoi qui amenait Enoch à penser que l'article en question répondait à une fin précise. C'était une pyramide de sphères – des boules de plus en plus petites montées sur d'autres, plus volumineuses. L'objet mesurait trente-cinq centimètres; il était d'une grande élégance et chaque sphère avait une nuance particulière. Mais ce n'était pas une peinture superficielle : ces tonalités étaient si profondes, si vraies que, instinctivement, on comprenait qu'elles appartenaient intrinsèquement aux diverses sphères, que chacune de celles-ci, du centre à la surface, participait de cette couleur.

Rien qui pût faire office de colle n'avait manifestement été employé pour monter ces globes et les maintenir en place. On aurait simplement dit qu'on les avait empilés les uns sur les autres... et qu'ils étaient restés comme cela.

Enoch essayait de se rappeler qui lui avait fait ce présent mais il ne parvenait pas à s'en souvenir.

La machine à messages continuait de siffler; il y avait du travail à faire. Il ne pouvait pas rester ainsi à paresser toute la journée. Il replaça la pyramide de sphères sur la table et se leva.

Le message était le suivant : N° 406302 A STATION 18327. VOYAGEUR PROVENANCE VEGA XXI ARRIVERA A 16532-82. DEPART NON DETERMINE. PAS DE BAGAGES. CONDITIONS LOCALES. ACCUSER RECEPTION.

Une onde de joie envahit Enoch à la lecture de ce texte. Quel plaisir d'avoir à nouveau à accueillir un Lumineux! Il y avait plus d'un mois qu'un tel événement n'avait eu lieu.

Enoch se souvenait de son premier contact avec le groupe des cinq Lumineux. Cela remontait à 1914 ou 1915. L'autre guerre mondiale, celle que tout le monde appelait alors la Grande Guerre, était en cours.

Le Lumineux arriverait à peu près en même temps qu'Ulysse. Une agréable soirée en perspective. Il était rare d'avoir simultanément la visite de deux bons amis.

Enoch demeura médusé en se rendant compte qu'il venait de penser au Lumineux comme à un ami alors que, selon toute vraisemblance, le voyageur annoncé lui serait totalement inconnu. Mais, en vérité, cela n'avait guère d'importance : un Lumineux, quel qu'il soit, était un ami.

Il installa le tambour de réception sous le matérialisateur qu'il vérifia avec le plus grand soin puis, revenant à la machine à messages, il expédia son accusé de réception.

Pas un instant, tandis qu'il se livrait à sa tâche, il ne cessa de fouiller ses souvenirs. Etait-ce en 1914 ou un peu plus tard?

Voulant en avoir le cœur net, il ouvrit son fichier. Véga XXI... voilà! L'arrivée des premiers Lumineux était enregistrée à la date du 12 juillet 1915. Enoch alla chercher le registre correspondant qu'il posa sur le bureau. Il se mit à le feuilleter rapidement.

12

« 12 juillet 1915. Dans l'après-midi (à 15 h 20) sont arrivés aujourd'hui cinq voyageurs originaires de Véga XXI, les premiers de leur race à transiter par la station. Ce sont des bipèdes humanoïdes et l'on a l'impression qu'ils ne sont pas faits de chair. La chair est quelque chose de trop grossier pour ce genre de créatures. Mais, bien entendu, ils sont quand même aussi charnels que n'importe qui. Ils brillent. Il ne s'agit d'ailleurs pas d'une lumière visible mais ils sont environnés d'une sorte d'aura qui les accompagne où qu'ils aillent.

» J'imagine qu'à eux cinq ils constituaient une unité sexuelle mais je crains de n'avoir pas compris ce que représente une pareille unité car c'est là une notion fort déroutante. Ils étaient amicaux et gais. Ils étaient comme nimbés de joie, une allégresse diffuse, sans objet particulier, universelle; à croire qu'ils savouraient une plaisanterie d'essence cosmique qu'ils étaient seuls à apprécier. Ils étaient en vacances et se rendaient à un festival (traduction approximative car il n'existe pas de mot permettant de rendre le sens précis de la chose), sur une planète où des êtres représentant diverses formes de vie devaient participer à un grand rassemblement. Comment, pourquoi avaient-ils été invités? Je fus incapable de le déterminer. C'était sans aucun doute un grand honneur qu'on leur faisait mais, pour autant que je pus en juger, ils avaient le sentiment que ce privilège leur était légitimement dû. Ils étaient, je le répète, très gais, insouciants, et leur assurance était extrême. Il me semble, en y réfléchissant, qu'ils ont toujours cette attitude. Je me sentais un peu jaloux de ne pouvoir goûter la même liberté et j'essayais de deviner quelle densité la vie et l'univers pouvaient avoir pour eux.

» Conformément aux instructions, j'avais installé des hamacs pour qu'ils pussent se reposer mais ils ne les utilisèrent pas. Ils avaient apporté des corbeilles de victuailles et de boissons; ils s'assirent autour de la table et commencèrent à festoyer. Ils me prièrent de prendre place avec eux et choisirent deux mets et un breuvage que je pourrais, m'affirmèrent-ils, goûter sans inconvénient; le reste de leurs provisions était peut-être contre-indiqué pour un métabolisme tel que le mien. C'était délicieux et d'une saveur qui m'était inconnue. L'un des deux plats avait la délicatesse d'un rare et onctueux fromage, l'autre était d'une finesse divine. Quant à la boisson, couleur d'or, elle avait le bouquet du plus fin des cognacs et glissait dans le gosier aussi légèrement que de l'eau.

» Ils me posèrent des questions sur moi et sur la Terre. Ils étaient courtois et semblaient sincèrement intéressés. Ils comprenaient sans difficulté les précisions que je leur donnais. Ils m'expliquèrent qu'ils se rendaient sur une planète dont je n'avais jamais entendu prononcer le nom. Ils parlaient avec animation entre eux mais d'une telle manière que je ne me sentais pas exclu de la conversation. D'après leur propos, je crus comprendre qu'une espèce de spectacle artistique devait être présenté à ce festival. Une forme d'art qui n'était pas seulement musicale ou picturale mais à quoi participaient le son, la couleur, l'émotion, la plastique et d'autres éléments encore qui n'ont de nom dans aucune des langues de la Terre. Je pus simplement conjecturer qu'il s'agissait d'une symphonie tridimensionnelle (quoique ce ne soit là qu'une définition approchée), composée, non par un seul artiste, mais par une équipe. Ils parlaient de leur art avec enthousiasme. La séance, me sembla-t-il, durerait plusieurs jours. Apparemment, c'était plus une activité collective qu'une audition ou un spectacle proprement dit; le public, au lieu de rester passif, pouvait y prendre part s'il le désirait et sa coopération était nécessaire pour que l'œuvre puisse être intégralement appréciée. Mais quelles étaient les modalités de cette coopération? Je ne le compris pas et sentis qu'il ne fallait pas le demander.

» Ils parlèrent des gens qu'ils retrouveraient, évoquèrent leurs précédentes rencontres avec eux. Ils potinaient beaucoup, mais gentiment, et je conclus que cette grande réunion était une fête où l'on se rendait par plaisir. Ce déplacement était-il un simple voyage d'agrément ou avait-il une autre raison d'être? Je fus incapable de le deviner. J'imaginais toutefois qu'il devait effectivement répondre à un but.

» Ils parlèrent d'autres festivals, parfois consacrés aux manifestations d'un art différent mais dont je ne parvins pas à me faire une idée précise. Ils paraissaient trouver d'immenses satisfactions dans ces fêtes et, sans doute, l'art n'était-il pas l'unique cause de la joie qu'ils en retiraient.

» Je ne participai pas à cette partie de la conversation car, pour être franc, je n'en trouvai pas l'occasion. J'aurais bien voulu poser des questions : seulement je ne le pus pas. Je pense que si je l'avais fait, elles leur auraient paru stupides mais, au fond, cela ne m'aurait pas tracassé outre mesure. Pourtant, ils s'arrangèrent pour ne pas me donner l'impression d'être tenu à l'écart. Sans aucune ostentation, ils me faisaient sentir que je n'étais pas simplement un gardien de station avec qui ils passaient un bref instant mais que j'étais sur un plan d'égalité avec eux.

» De temps en temps, ils disaient quelques mots dans la langue en usage sur leur planète, une des plus mélodieuses que j'aie jamais entendue; ils employaient, pour l'essentiel, la langue vulgaire dont se servent tant de races humanoïdes, un idiome bâtard élaboré pour des raisons d'ordre purement pratique. Je soupçonne que c'est par courtoisie envers moi qu'ils agissaient de la sorte. Une courtoisie rare. Je crois que ce sont les êtres les plus raffinés dans le domaine de la politesse qu'il m'a jamais été donné de rencontrer.

» J'ai dit qu'ils brillaient. Je suppose que, en écrivant cela, j'ai voulu dire qu'ils brillaient en esprit. On aurait cru qu'ils étaient entourés d'un halo aux reflets d'or qui transfigurait tout ce qu'ils touchaient – comme s'ils se mouvaient au sein d'un monde à part que personne d'autre qu'eux n'avait découvert. Assis à côté d'eux, j'étais inclus dans ce scintillement vaporeux et d'étranges remous, profonds et silencieux, des ondes heureuses parcouraient mon corps. Et je me demandais comment ces êtres, comment leur monde étaient arrivés à cet état de grâce. Je me demandais si un jour, dans un avenir distant, nous le connaîtrions à notre tour.

» Mais, derrière ce bonheur, il y avait autre chose : une vitalité intense, effervescente, bouillonnante, au sein de quoi était tapie comme un noyau au cœur d'un fruit une force, l'amour de la vie. Et cette force, cet amour de la vie gorgeaient chacun de leurs pores, remplissaient chaque instant de leur existence.

» Ils disposaient seulement de deux heures et ces deux heures passèrent avec une telle rapidité qu'il me fallut finalement les avertir que le moment était venu de reprendre leur route. Avant de s'en aller, ils posèrent deux paquets sur le bureau, me disant que c'était pour moi. Ils me remercièrent pour la table (quelle curieuse expression!), puis me firent leurs adieux et entrèrent dans le tambour. J'effectuai alors les manœuvres de transit.

» La brume d'or ne se dissipa pas tout de suite : il fallut plusieurs heures pour qu'elle disparût entièrement. Je regrettais de n'avoir pu les accompagner.

» L'un des paquets qu'ils avaient laissés contenait douze flacons remplis de la liqueur même qu'ils m'avaient fait goûter. Et ces flacons, tous différents, étaient autant d'œuvres d'art. Je suis convaincu qu'ils étaient en diamant. Mais était-ce du diamant artificiel ou d'énormes diamants taillés? Je ne saurais le dire. En tout cas, c'étaient là des pièces d'une valeur inestimable. Leur surface était gravée de symboles d'une stupéfiante diversité et d'une grande beauté.

» Dans le second paquet, il y avait... faute d'un terme plus approprié, disons que c'était une boîte à musique. Le coffret était en ivoire, du vieil ivoire jaune à la douceur de satin semé d'une multitude de figures ciselées ayant certainement une signification qui m'échappe.

» Sur le couvercle, on distinguait un grand cercle inscrit à l'intérieur d'une échelle étalonnée. J'ai fait tourner le cercle jusqu'à la première graduation. Une musique s'est alors élevée en même temps qu'apparaissaient des couleurs multicolores qui se mêlaient et s'enchevêtraient d'un bout à l'autre de la pièce. Et, de la boîte, jaillissaient des parfums, des émotions, des sentiments (quel nom leur donner?) qui vous faisaient frémir de bonheur. Musique, couleur, parfums... Tout un monde avait surgi de cette boîte.

» Je suis persuadé qu'il s'agissait d'un enregistrement des œuvres dont ils avaient parlé. Et il n'y avait pas une seule composition : il y en avait 206. C'était le nombre des graduations et, à chacune, correspondait un morceau différent. Je les jouerai tous dans les jours qui viennent. Je leur donnerai des titres d'après leur caractère et cela me permettra peut-être d'acquérir quelques connaissances nouvelles en dehors du plaisir que j'éprouverai. »

13

Les douzes flacons de diamant, vides depuis bien longtemps, étaient disposés en bon ordre sur la cheminée où ils scintillaient de mille feux. La boîte à musique, qu'Enoch comptait parmi les plus précieux de ses biens, était soigneusement serrée dans un placard où elle n'avait rien à craindre. Non sans tristesse, Wallace songeait qu'il n'avait pas encore fait jouer tous les morceaux. Il y en avait tant qu'il avait voulu réentendre qu'il n'avait guère dépassé la moitié de la réserve d'enregistrements.

Les cinq Lumineux étaient revenus à plusieurs reprises; ils paraissaient aimer la station et, peut-être, l'homme qui en avait la responsabilité. Ils avaient aidé Enoch à apprendre leur langage et ils lui apportaient des rouleaux de littérature végienne, sans compter une foule d'autres choses. C'étaient certainement les meilleurs amis extra-terrestres de Wallace, Ulysse excepté. Et puis, ils avaient brusquement cessé de venir. Enoch s'en était étonné; il avait demandé de leurs nouvelles aux autres Lumineux de passage mais n'avait jamais découvert ce qui était arrivé à ses amis.

A présent, Enoch en savait beaucoup plus long sur les Lumineux, leur art, leurs traditions, leurs coutumes et leur histoire qu'en ce jour de l'année 1915 où, pour la première fois, il avait fait mention d'eux dans son journal, et pourtant, il était encore loin d'avoir appréhendé la masse de notions qui, pour les Végiens, étaient des lieux communs.

Parmi tous les Lumineux qu'il avait vus passer depuis 1915, il y en avait un dont Enoch conservait un souvenir particulier — le vieux sage, le philosophe qui était mort sous ses yeux.

Tous deux bavardaient, assis sur le canapé. Wallace se rappelait même leur sujet de conversation : son hôte lui parlait de cet étrange code de morale, à la fois irrationnel et bouffon, élaboré par une bizarre race de végétaux sociaux qu'il avait rencontrée sur une planète écartée à l'autre extrémité de la galaxie. Le vieux Lumineux avait bu un verre ou deux; citant des anecdotes avec brio, il était dans une forme resplendissante.

Soudain, il s'était interrompu au milieu d'une phrase et avait glissé en avant. Surpris, Enoch avait tendu le bras pour le retenir mais, déjà, son interlocuteur était tombé en bas du canapé.

Le halo doré autour de son corps pâlit et, après un dernier vacillement, s'éteignit. Il n'y avait plus, par terre, qu'un corps anguleux, hideux dans sa maigreur, une chose terriblement étrangère, à la fois pitoyable et monstrueuse. Plus monstrueuse qu'aucune forme extra-terrestre qu'Enoch eût jamais contemplée.

Ç'avait été un être merveilleux quand il était en vie; mort, il n'y avait plus qu'un affreux tas d'os enfermés dans une sorte d'enveloppe parcheminée et écailleuse. La gorge sèche, presque sur le point de défaillir, Enoch se disait que c'était le halo d'or qui donnait au Lumineux cette prodigieuse beauté, ce charme, cette alacrité, cette dignité qui avaient été les siens. Cette aura était un principe vital. Une fois qu'elle était dissipée, il ne demeurait plus rien qu'un objet d'horreur.

Qu'était-ce donc ce nimbe? La force vitale même des Lumineux les revêtant comme un vêtement, un déguisement? Portaient-ils ce principe vital à l'extérieur de leur corps contrairement à toutes les autres formes vivantes qui le recélaient au fond d'elles-mêmes?

Le vent se lamentait d'une voix sépulcrale dans les pignons du toit. Par la fenêtre, Enoch distinguait des bataillons de nuages battant en retraite qui passaient devant la lune à la moitié de sa course.

Le froid et la solitude s'étaient appesantis sur la station, une solitude infinie, universelle, ignorée de la Terre.

Gauchement, Enoch, s'éloignant du cadavre, marcha vers la machine à messages. Il demanda une liaison directe avec le Central Galactique et attendit qu'elle fût établie, agrippant les poignées de l'engin à pleines mains.

PARLEZ, dit enfin le Central.

Brièvement et avec le plus d'objectivité possible, Wallace relata l'événement.

De l'autre côté de la ligne, il n'y eut ni hésitation ni questions. Rien que des directives simples. Comme s'il s'agissait d'une situation tout à fait courante. Le Végien devrait rester sur la planète où il avait trouvé la mort; son corps serait traité conformément aux coutumes locales. Telle était la loi des Végiens, et l'observer était pour eux leur point d'honneur. Il demeurerait là où il était tombé et l'endroit où il reposerait pour l'éternité deviendrait d'office un fragment du territoire de Véga XXI. D'un bout à l'autre de la galaxie étaient ainsi disséminés une multitude de ces parcelles d'exterritorialité, précisa le Central.

– NOS COUTUMES VEULENT QUE NOS MORTS SOIENT ENTERRES, indiqua Enoch.

– EN CE CAS, ENTERREZ LE VEGIEN.

– NOUS RECITONS UN OU DEUX EXTRAITS DE NOTRE LIVRE SAINT.

– RECITEZ-LES POUR LE VEGIEN. POUVEZ-VOUS VOUS CHARGER DE TOUT CELA?

– OUI. EN GENERAL, C'EST UN MINISTRE DU CULTE QUI OFFICIE MAIS, DANS LES CIRCONSTANCES PRESENTES, IL SERAIT PEUT-ETRE IMPRUDENT DE RECOURIR AUX SERVICES D'UN PRETRE.

– SOIT. POUVEZ-VOUS VOUS OCCUPER DE LA CEREMONIE TOUT SEUL?

– OUI.

– ALORS, CE SERA PREFERABLE.

– DES PARENTS OU DES AMIS DU MORT Y ASSISTERONT-ILS?

– NON.

– VOUS LES PREVIENDREZ?

– ILS SONT DEJA AU COURANT.

– MAIS IL Y A SEULEMENT QUELQUES INSTANTS QU'IL EST DECEDE.

– ILS SONT CEPENDANT PREVENUS.

– NE FAUT-IL PAS UN CERTIFICAT DE DECES?

– INUTILE. ILS SAVENT DE QUOI IL EST MORT.

– ET SES BAGAGES? IL AVAIT UN COFFRE.

– GARDEZ-LE. C'EST UN TEMOIGNAGE DE GRATITUDE POUR LES HONNEURS RENDUS AU DEFUNT. CELA EST EGALEMENT EXIGE PAR LA LOI.

– MAIS IL Y A PEUT-ETRE DES CHOSES IMPORTANTES DEDANS.

– GARDEZ LE COFFRE. REFUSER SERAIT OFFENSER LA MEMOIRE DU MORT.

– BIEN. EST-CE TOUT?

– C'EST TOUT. AGISSEZ COMME POUR UN MEMBRE DE VOTRE PROPRE RACE.

Enoch replaça le mécanisme au point neutre et revint vers le Lumineux. A contrecœur, il se baissa pour le hisser sur le canapé. Il frémit en touchant le cadavre. Ce travesti recouvrant l'étincelante créature avec laquelle, tout à l'heure, il était en train de converser, était quelque chose de terrible et d'immonde.

D'emblée, il avait aimé, admiré les Lumineux, avait attendu impatiemment chacune de leurs visites. Et voilà que, maintenant, comme un lâche, il n'osait toucher un de ses amis mort!

Mais ce n'était pas simplement la répulsion qui paralysait Enoch. Depuis qu'il exerçait ses fonctions de gardien, il avait bien souvent contemplé l'horreur en face sous les traits de certains extra-terrestres. Et il avait appris à surmonter la répugnance qu'il éprouvait alors, à faire abstraction de l'aspect physique de ces êtres, à regarder toutes les formes de vie d'un œil fraternel, à considérer toutes ces créatures comme des gens.

Non, il était pour le moment habité par autre chose qu'un sentiment d'horreur. Un élément inconnu, absolument différent. Il se rappela que cette dépouille était pourtant celle d'un ami. Un ami mort auquel il convenait de rendre les honneurs funèbres. Avec amour et sollicitude.

Bandant sa volonté, il se baissa et hissa le cadavre sur le canapé.

Le corps ne pesait presque rien – comme si la mort lui avait fait perdre une dimension, l'avait rapetissé, l'avait amputé d'une partie de lui-même. Se pouvait-il que le halo d'or eût un poids?

Enoch, après avoir disposé le cadavre du mieux qu'il le put, alla dans la remise pour y allumer une lanterne, puis il se dirigea vers la grange.

Il y avait des années qu'il n'y avait mis les pieds mais les choses n'avaient guère changé. Le toit était solide et il faisait sec. Des toiles d'araignée pendaient aux poutres et il y avait de la poussière partout. Ici et là, entre deux planches, pointaient des brins de foin – un foin ancien. Les odeurs d'antan, odeurs des bêtes, odeur de fumier, s'étaient évanouies depuis bien longtemps. On respirait seulement celle, douceâtre, de la poussière.

Enoch accrocha la lanterne à un clou et escalada l'échelle menant au grenier. Il chercha à tâtons, n'osant faire de la lumière dans les combles où s'entassaient les vieilles meules craquantes. Enfin, il mit la main sur un amoncellement de planches de chêne.

Quand il était enfant, il se tapissait dans ce recoin sous la pente du toit. Combien d'heures avait-il passées là, les jours de pluie? Tantôt il était Robinson Crusoé dans une grotte de l'île déserte, tantôt un hors-la-loi sans nom que traquait la police, tantôt un Visage-Pâle dont les Indiens voulaient le scalp. Il avait un fusil taillé dans une planche, travaillé à la lame de rasoir et au canif, poli à l'aide d'un tesson de bouteille. Quelle joie lui avait procurée ce fusil de bois! L'enchantement de son enfance... Jusqu'au jour où – il avait douze ans à l'époque – son père lui avait rapporté un vrai fusil de la ville.

Toujours dans le noir, Enoch choisit au toucher les planches qui lui convenaient, puis il les fit précautionneusement glisser le long de l'échelle.

Il souleva le couvercle du coffre plein de nids de souris abandonnés, ôta la paille et le foin apportés par les rongeurs dans leur repaire et dégagea les outils. L'acier avait perdu son lustre et les surfaces étaient recouvertes de cette patine qui s'attache aux objets abandonnés. Mais il n'y avait pas trace de rouille et les tranchants avaient encore leur fil.

Muni des instruments nécessaires, Enoch se mit à

l'ouvrage. Un siècle auparavant, il s'était livré à la même besogne et il se revoyait en train de fabriquer un cercueil à la lueur de la lanterne. Mais, alors, c'était le corps de son père qui gisait dans la maison.

Le bois était sec et dur mais les outils étaient bons. Enoch maniait la scie, le rabot, le marteau; l'odeur de la sciure montait à ses narines. Silencieuse était la grange où le foin épais étouffait la lointaine clameur du vent.

Quand il eut achevé le cercueil, il s'aperçut que celui-ci était plus lourd qu'il ne le croyait; aussi le chargea-t-il sur la vieille brouette appuyée à la paroi des stalles jadis occupées par les chevaux. Laborieusement, s'arrêtant souvent pour souffler, il poussa la brouette jusqu'au petit cimetière familial installé dans le verger.

Il avait emmené une pelle et une pioche et là, à côté de la tombe de son père, il entreprit de creuser une nouvelle fosse.

Il ne fit pas le trou aussi profond qu'il l'eût désiré; la fosse n'avait pas les deux mètres que la coutume exige mais il savait que s'il voulait respecter exactement celle-ci, il ne parviendrait jamais, à lui seul, à placer le cercueil comme il le fallait. Il se contenta de creuser jusqu'à une profondeur d'un mètre vingt, travaillant à la lueur chétive de la lanterne installée de guingois sur le monticule de terre. Un hibou invisible, venu de la forêt, se posa un moment quelque part dans le verger où Wallace l'entendit bredouiller. La lune descendait vers l'ouest. Les nuages se dissipaient, laissant apparaître les étoiles à travers leurs déchirures.

Enfin, Enoch arriva au bout de ses peines. La fosse était terminée, le cercueil était au fond du trou et il n'y avait presque plus de pétrole dans la lanterne noircie, qui fumait.

Wallace regagna la station et se mit à la recherche d'un drap qui servirait de suaire. Il glissa une Bible dans sa poche et, dans la lumière trouble de la fausse aurore, il transporta le Végien recouvert de son linceul jusqu'au verger. Il coucha le cadavre dans la bière, cloua le couvercle et remonta hors de la tombe.

Debout devant le trou, il prit la Bible, chercha le passage qu'il voulait retrouver et se mit à lire à haute voix. C'était à peine s'il avait besoin de faire un effort pour suivre le texte qu'il était difficile de déchiffrer dans la demi-pénombre : il avait mainte et mainte fois relu ce verset :

Il y a plusieurs demeures dans la Maison de mon Père...

Comme ces paroles étaient appropriées à la cérémonie! Qu'il en fallait, des demeures, pour abriter toutes les âmes de la galaxie – de toutes les autres galaxies qui s'étendaient, peut-être, interminablement à travers l'espace. Et pourtant, si la compréhension existait, il eût suffi d'une seule demeure!

Le verset terminé, il récita de mémoire le service funèbre. Il n'était pas tout à fait sûr de ses mots mais cela irait quand même. Enfin, il recouvrit le cercueil de terre.

La lune et les étoiles avaient quitté le ciel. Le vent s'était calmé et, à l'est, une lueur rose envahissait l'horizon limpide.

Enoch était immobile, la pelle à la main, devant la tombe.

– Adieu, mon ami, murmura-t-il.

Il se détourna et, comme le soleil se levait, il regagna la station.

14

Enoch rangea le registre ouvert sur son bureau et se mit à tourner en rond. Il y avait un certain nombre de choses qu'il devrait faire. Lire la presse. Mettre ses notes à jour. Prendre connaissance de deux articles récemment publiés dans la *Revue Géophysique.* Mais il ne se sentait pas en train. Trop de sujets de réflexion, trop de questions, trop de tristesse occupaient son esprit.

Les guetteurs étaient toujours à leurs postes. Il avait perdu ses chers fantômes. Et le monde courait à la guerre.

Peut-être avait-il tort de s'inquiéter du sort du monde. Enoch pouvait, s'il le voulait, s'exclure de la race des hommes. S'il ne sortait plus, s'il gardait sa porte close, que lui importerait ce qui arriverait ou n'arriverait pas au monde? Il en avait un qui lui appartenait en propre et dont personne en dehors de la station ne pouvait concevoir l'immensité. Non, Enoch n'avait pas besoin de la Terre.

Mais, tout en discutant ainsi avec lui-même, il savait qu'il lui était impossible de se détourner de cette même Terre. Elle continuait de lui être nécessaire. Mystérieusement. Bizarrement.

Il alla jusqu'à la porte, prononça les mots qu'il fallait et la porte s'ouvrit. Il la referma derrière lui et pénétra dans la remise.

Il fit le tour de la maison et s'assit sur les marches du porche.

C'était ici que tout avait commencé, un lointain jour d'été. Ce jour-là, les étoiles avaient franchi les gouffres de l'espace et il avait été l'élu des astres.

Le ciel était bas sur l'horizon. La nuit approchait. Déjà, il faisait moins chaud; une brise fraîche montait de la vallée. Dans le ciel, des corbeaux tournaient en rond en croassant.

Il ne serait pas facile de condamner sa porte. De ne plus jamais éprouver la chaleur du soleil, sentir la caresse du vent, respirer l'odeur changeante des saisons. L'Homme n'était pas prêt à accepter ce divorce. Il n'était pas encore suffisamment intégré au milieu artificiel qu'il s'était créé pour être capable de rompre définitivement avec les réalités physiques de sa planète. Pour demeurer homme, le soleil, le sol, le vent lui étaient indispensables.

Enoch se disait qu'il devrait plus souvent venir s'asseoir sur ces marches, rien que pour regarder. Regarder les arbres, le fleuve, les collines bleues de l'Iowa, regarder les corbeaux volant en cercles, regarder les pigeons qui roucoulaient entre les poutres de la grange. Il serait souhaitable de se livrer chaque jour à cet exercice de contemplation. Cela le ferait vieillir d'une heure? La belle affaire! A quoi bon économiser le temps? Pour le moment, du moins. Un jour, peut-être, il s'y résoudrait. Un jour, peut-être, il tiendrait avaricieusement le compte des heures, des minutes, des secondes. Pitoyablement.

Un bruit de pas pressés et trébuchants le fit sauter sur ses pieds. Là-bas, de l'autre côté de la maison, quelqu'un courait. Quelqu'un qui semblait épuisé. Enoch traversa la cour, intrigué.

– Lucy! s'exclama-t-il, et il referma étroitement ses bras sur la jeune fille au moment où elle allait s'écrouler. Lucy, que t'est-il arrivé, mon enfant?

Il sentit quelque chose de chaud et de poisseux coller à sa paume; il regarda la main qu'il avait posée sur le dos de Lucy : elle était maculée de sang. Le dos de la robe était humide et rouge.

Il saisit Lucy par l'épaule et l'écarta à bout de bras pour l'examiner. Le visage de la sourde-muette était mouillé de larmes et son expression était celle d'un être terrorisé. Terrorisé et suppliant.

Lucy se dégagea et pivota sur elle-même; d'un geste preste, elle détacha le haut de sa robe. Depuis les épaules jusqu'aux reins, son dos était strié de longues éraflures où perlaient encore des gouttes sanglantes.

Elle se rajusta et fit à nouveau face à Enoch. Elle tendit le bras, désignant le pied de la colline du côté des champs, par-delà les bois.

Quelque chose bougeait dans cette direction. Quelqu'un approchait. Presque à la limite du bois et de la friche.

Lucy dut s'en rendre compte, elle aussi, car, tremblante, elle se serra contre Enoch comme pour lui demander sa protection.

Wallace la prit dans ses bras et s'élança vers la remise. Il prononça la phrase secrète, la porte béa. Il entendit derrière lui le glissement du panneau qui se refermait.

Il s'immobilisa, portant toujours son vivant fardeau, soudain conscient de la faute énorme qu'il venait de commettre. De sang-froid, il n'aurait jamais agi de cette façon. S'il avait réfléchi une demi-seconde, il n'aurait pas fait cela.

Il avait pris sa décision d'instinct, sans se poser de questions. Lucy Fisher avait imploré son aide et, ici, entre les murs de la station, rien ne pouvait l'atteindre. Seulement, Lucy était une humaine et aucun humain autre qu'Enoch lui-même n'aurait jamais dû passer le seuil de la base.

Mais le mal était fait. Il n'y avait plus moyen de revenir en arrière.

Enoch déposa la jeune fille sur le canapé et recula d'un pas. Elle le regardait avec, sur les lèvres, l'esquisse d'un sourire. Comme si elle se demandait si elle avait le droit de sourire en ce lieu. Du revers de la main, elle essaya d'essuyer ses joues barbouillées de larmes.

Des yeux, elle fit le tour de la pièce et sa bouche s'arrondit d'émerveillement.

Enoch s'accroupit et tapota le canapé tout en agitant le doigt dans la direction de Lucy pour lui faire comprendre qu'il fallait qu'elle demeurât là, qu'elle ne devait aller nulle part ailleurs. D'un geste large, il balaya le reste de la station en secouant la tête, l'air le plus sévère possible.

Elle le contemplait, fascinée. Puis elle sourit et hocha le menton. Comme si elle avait compris.

Wallace lui caressa doucement la main pour la rassurer, pour lui dire que tout se passerait bien si elle ne bougeait pas.

Le sourire de Lucy n'avait plus rien d'hésitant. Elle ne voyait manifestement plus pour quelle raison elle n'aurait pas le droit de sourire. Elle tendit sa main libre vers la petite table où s'entassaient les cadeaux des extra-terrestres. Enoch fit un signe approbateur et elle saisit un des objets qu'elle se mit à examiner avec admiration.

Enoch se releva et s'en fut décrocher son fusil. Puis il sortit affronter les poursuivants de la jeune fille.

Deux hommes s'approchaient de la maison. L'un d'eux était Hank Fisher, le père de Lucy. Enoch l'avait rencontré plusieurs années auparavant au cours d'une promenade. La conversation avait été brève. Hank lui avait expliqué avec gêne, alors qu'aucune explication ne s'imposait, qu'il était à la recherche d'une vache échappée. Mais, devant ses manières furtives, Enoch avait soupçonné que ce n'était là qu'un prétexte et qu'il y avait du louche. Mais quoi? Il avait été incapable de le deviner.

Le compagnon de Hank était un adolescent qui ne devait pas avoir plus de seize ou dix-sept ans. Vraisemblablement un des frères de Lucy.

Debout devant le porche, Enoch attendait.

Hank tenait un fouet à la main. A cette vue, Wallace

compris d'où venaient les blessures de Lucy. Une bouffée de colère l'envahit mais il lutta pour se dominer. Il avait tout avantage à conserver son calme.

Les arrivants s'arrêtèrent à deux ou trois pas de lui.

– Bonsoir, dit Enoch.

– V's' avez vu ma fille?

– Et si je l'avais vue?

– Je te lui arracherai la peau, répondit Hank en faisant claquer son fouet.

– Dans ce cas, je ne vous dirai rien.

Hank se fit accusateur :

– Vous la cachez!

– Si vous avez envie de chercher, cherchez.

Hank avança d'un pas, puis se ravisa.

– Elle a eu ce qu'elle méritait. Et ce n'est pas fini. Personne ne me jettera de sort, à moi. Personne, pas même ma propre chair et mon propre sang.

Enoch s'abstint de tout commentaire et Fisher reprit, indécis :

– Elle s'est mêlée de c' qui la regardait pas. On l'avait pas sonnée. C'étaient pas ses affaires, crénom de crénom!

Le fils intervint :

– J'étais tout simplement en train de dresser Butcher. Butcher, c'est un chiot. Un ratier.

– C'est la vérité vraie qu'il dit. Il faisait rien de mal. Les gars avaient capturé un jeune raton laveur, la nuit d'avant. Roy l'avait attaché à un arbre et il tenait Butcher à la laisse pour qu'il attaque. Il y faisait pas de mal, au raton. Il tirait sur la laisse à temps pour que Butcher le démolisse pas et le laisser reposer un brin. Et puis il recommençait à le faire charger, le Butcher.

– C'est le meilleur truc pour dresser un chien, dit Roy.

– Tout à fait. C'est pour ça qu'ils avaient capturé le laveur.

– On en avait besoin. Pour dresser Butcher.

– Tout cela est passionnant, jeta Enoch. Mais je ne vois pas ce que Lucy vient faire dans cette histoire.

– Elle est venue fourrer son grain de sel, répondit Hank. Elle a essayé d'interrompre le dressage. Elle a essayé d'empêcher Roy de continuer avec Butcher.

– Pour une sourde, elle se gobe un peu trop, cette môme, jeta Roy.

Le père se retourna et lui décocha un regard sévère.

– Ferme ton clapet, toi.

Roy recula d'un pas en marmonnant des propos indistincts.

– Roy l'a fait tomber, poursuivit Hank en s'adressant à Enoch. Il n'aurait pas dû. Il a eu tort de ne pas y aller plus doucement.

– Mais j'en avais pas l'intention. J'ai juste levé le bras pour qu'elle n'approche pas de Butcher.

– C'est vrai, seulement il a eu un geste un peu trop brusque. D'ailleurs, elle avait pas à faire ce qu'elle a fait. Elle a ficelé Butcher pour l'empêcher de charger le laveur. Et, écoutez bien ce que je vous dis : elle l'a ficelé sans même lever le petit doigt. Il pouvait plus bouger un muscle, le Butcher. Ça l'a rendu fou, Roy. Ça vous aurait fait sortir de vos gonds, vous?

– Je ne crois pas. Mais il est vrai que je ne suis pas chasseur de laveurs.

Hank eut l'air stupéfait devant cet abîme d'incompréhension mais il n'en poursuivit pas moins son récit :

– Roy est devenu vraiment furieux. Il l'avait élevé, Butcher, et il faisait énormément fond sur lui. Il ne laisserait personne, pas même sa sœur, le réduire à l'impuissance comme ça. Il s'est précipité sur elle et elle l'a ficelé à son tour comme elle avait ficelé le chien. Je n'ai jamais vu une chose pareille à l'âge que je suis arrivé. Roy est devenu tout raide et puis il est tombé par terre, les jambes repliées contre le ventre, les bras collés au corps. Tout roulé en boule. Lui et Butcher, du pareil au même. Mais le laveur, elle n'y a rien fait. Rien de rien. C'est aux siens qu'elle s'est attaquée.

– Ça faisait pas mal, fit Roy. Pas mal du tout.

– Moi, j'étais assis en train de tresser ce fouet. J'ai tout vu mais je n'ai pas bougé avant de voir Roy par terre, tout ficelé sans ficelles. Alors, je m'ai dit qu'elle allait trop loin. Je suis un homme qu'a les idées larges, moi. Guérir une petite verrue par-ci par-là ou des petites babioles de ce genre, je suis pas contre. Il y a des tas de personnes qui en sont capables. Ça n'a rien de honteux. Mais ficeler les chiens et les chrétiens sans lever le petit doigt...

– Alors, vous l'avez fouettée, conclut Enoch.

– J'ai fait mon devoir, dit Hank d'une voix solennelle. Pas question qu'il y ait une sorcière dans ma propre famille. J'ai frappé deux fois. Elle faisait ses simagrées pour que j'arrête mais il fallait que je fasse mon devoir et j'ai continué. Si je la corrige suffisamment, que je pensais, j'arriverai à la débarrasser de ça. Mais voilà-t-il pas qu'elle m'a jeté un sort! Comme à Roy et à Butcher sauf que c'était pas le même. Elle m'a rendu aveugle! Son père... le rendre aveugle! Je ne pouvais plus rien voir. Je tournais en rond dans la cour en trébuchant, en criant et en m'égratignant les yeux. Et puis la vue m'est revenue mais Lucy n'était plus là. On l'apercevait qui se sauvait à travers bois en direction de la colline. Alors, Roy et moi on est parti à sa poursuite.

– Et vous pensez que je la cache?

– Je sais qu'elle est chez vous.

– Très bien. Regardez.

– Un peu, que je vais regarder! gronda Hank. Roy, occupe-toi de la grange. Peut-être que c'est là qu'elle est planquée.

Roy se dirigea vers la grange. Hank, lui, pénétra dans la remise dont il ressortit presque aussitôt pour aller vers le poulailler branlant.

Enoch attendait, debout, le fusil dans la saignée du coude.

Il savait que c'était grave. Très grave. Un individu comme Hank Fisher ne se raisonnait pas. Pour le moment, toute tentative de conciliation était d'avance vouée à l'échec. Enoch ne pouvait qu'attendre que le vieux se calme. A ce moment-là, il serait peut-être accessible.

Le père et le fils réapparurent.

– Elle n'est pas par là. C'est dans la maison qu'elle est.

Enoch secoua la tête.

– Personne ne peut entrer dans la maison.

Roy jeta un regard inquiet à Enoch.

– Allez-y, dit ce dernier.

Le fils Fisher monta les marches avec lenteur, traversa le porche, empoigna le bouton qu'il tourna. Il essaya une seconde fois et pivota sur ses talons.

– Papa, je n'y arrive pas. Elle ne s'ouvre pas.

En deux sauts, Hank rejoignit son fils, l'air mauvais. Il secoua la poignée de toutes ses forces, une fois, deux fois, trois fois...

– Qu'est-ce qui se passe ici? s'écria-t-il avec hargne.

– Je vous avais prévenu que vous ne pourriez pas entrer, répondit Wallace.

– C'est ce qu'on va voir! rugit Fisher.

Il lança son fouet à Roy et redescendit dans la cour, se dirigeant vers la pile de bûches qui s'entassaient devant la remise. Il arracha la lourde hache à lame double plantée dans le billot.

– Faites attention à cette hache, dit Enoch. Il y a longtemps que je l'ai et j'y tiens.

Hank ne répliqua rien. Il escalada à nouveau le porche et vint se poster devant la porte.

– Pousse-toi, Roy. J'ai besoin de place.

Roy s'écarta.

– Attendez une minute, dit Enoch. Vous avez l'intention de démolir cette porte?

– Et comment!

Enoch hocha gravement la tête.

– Eh bien? s'exclama Fisher.

– Si vous avez envie d'essayer, je n'y vois aucun inconvénient.

Hank se mit en position, les poings noués au manche de la hache. Il y eut un éclair d'acier tandis que l'outil décrivait rapidement un arc de cercle. Le tranchant heurta le panneau mais le fer rebondit et, sa course brutalement déviée, manqua de peu la jambe de Hank qui, son élan brisé, pivota sur lui-même.

Abasourdi, les bras ballants, il considéra fixement Enoch.

– Essayez encore, proposa ce dernier.

La fureur envahit Hank à cette invitation.

– Bon Dieu, oui que je vais essayer! hurla-t-il, le visage cramoisi.

Il se remit en position mais, cette fois, ce ne fut pas la porte mais la fenêtre qu'il visa. Il y eut un bruit strident et des fragments de métal jaillirent en gerbe, scintillant dans le soleil.

Hank fit un écart et lâcha la hache qui rebondit en tombant. Un des fers était brisé; le moignon était hérissé de petits éclats irréguliers. Quant à la fenêtre, elle était intacte. Même pas rayée.

Le père Fisher, bouche bée, contempla un moment la hache brisée comme s'il ne parvenait pas à croire entièrement au témoignage de ses sens. Silencieusement, il tendit la main ouverte et Roy y déposa le fouet, puis les deux hommes redescendirent. Quand ils furent arrivés en bas des marches, ils s'arrêtèrent et dévisagèrent Enoch. Le poing de Hank se crispa sur le manche du fouet.

– A votre place, je m'abstiendrais, fit Wallace. Je suis capable d'être terriblement rapide, vous savez.

Il tapota la crosse de son fusil.

– Je vous aurai fait sauter la main avant que vous ayez eu le temps de lever le bras.

Hank respirait avec peine.

– Vous êtes possédé par un démon, Wallace. Et elle aussi. Vous êtes complices, tous les deux. Vous vous rencontrez en douce dans les bois.

Patiemment, Enoch attendait sans quitter les deux hommes des yeux.

– Dieu me vienne en aide, ma fille est une sorcière!

Enoch sortit enfin de son silence :

– Je crois que vous feriez mieux de rentrer chez vous, Hank. Si par hasard je retrouve Lucy, je vous la ramènerai.

Les Fisher ne firent pas un mouvement.

– Ce n'est pas réglé, jeta Hank d'une voix rauque. Vous la cachez quelque part et ça va vous coûter cher. On se retrouvera.

– Quand vous voudrez mais, maintenant, déguerpissez!

Il fit un geste impératif avec son arme.

– Et ne remettez plus les pieds ici. Ni l'un ni l'autre.

Le père et le fils hésitèrent un moment, essayant de deviner les intentions d'Enoch. Enfin, lentement, ils tournèrent les talons et s'éloignèrent.

15

J'aurais dû les tuer, se dit Enoch. Ils ne méritent pas de vivre.

Il jeta un bref regard sur son fusil. Il l'étreignait avec tant de force que ses doigts, serrés sur la crosse sombre et patinée, étaient livides.

Laborieusement, il lutta pour contenir la rage qui bouillonnait en lui, prête à explorer. S'ils étaient restés quelques instants de plus, il se serait abandonné à cette effrayante fureur.

Et il valait mieux que les choses se soient passées comme elles s'étaient passées. Beaucoup mieux. Enoch se demanda non sans quelque stupeur comment il avait réussi à se contenir.

Mais, même comme cela, c'était une sale histoire. Les Fisher allaient répandre le bruit qu'il était fou, qu'il les avait chassés sous la menace de son fusil. Ils raconteraient peut-être même qu'il avait kidnappé Lucy, qu'il la séquestrait. Rien ne les arrêterait dans leur désir de lui faire le plus de mal possible.

Enoch n'avait aucune illusion sur eux : il connaissait ce genre de personnages, aussi malfaisants qu'ils étaient médiocres. C'étaient des insectes nuisibles tels qu'il en existe au sein de la race humaine.

Debout devant le porche, suivant des yeux les deux silhouettes qui descendaient la colline, il se demandait comment une fille comme Lucy avait pu naître dans une pareille famille. Peut-être était-ce son infirmité qui l'avait empêchée de devenir semblable aux siens. Peut-être, si elle avait été capable de leur parler et de les entendre, aurait-elle fini par acquérir leur veulerie et leur noirceur d'âme.

Il s'était rendu coupable d'une erreur grossière en se laissant mêler à cette affaire. Dans sa situation, il courait un risque énorme. Il avait trop à perdre et aurait dû rester à l'écart.

Pourtant, qu'aurait-il pu faire? Aurait-il pu refuser sa protection à Lucy, avec ses épaules ensanglantées? Aurait-il pu demeurer insensible à son regard affolé et suppliant, à sa détresse?

Il aurait certes pu agir autrement. Plus intelligemment. Mais il n'avait pas eu le temps de réfléchir. Il avait juste eu le temps de mettre Lucy à l'abri et de se porter à la rencontre de Hank et de Roy.

Maintenant, il se disait qu'il eût été préférable de ne pas sortir. S'il était resté à l'intérieur de la station, rien ne serait arrivé. Il avait agi par impulsion : il avait fallu qu'il affrontât les Fisher père et fils. Réaction humaine, peut-être, mais bien imprudente. Enfin... ce qui était fait était fait!

Enoch se détourna et rentra d'un pas lourd dans la station.

Lucy était toujours assise sur le canapé, contemplant avec ravissement un objet brillant qu'elle tenait dans sa main. Son expression était aussi attentive et passionnée que le matin même, quand Enoch l'avait surprise avec le papillon.

Il posa son fusil sur le bureau et s'immobilisa. Lucy avait dû prendre conscience de son mouvement car elle leva vivement la tête. Mais son regard revint aussitôt sur l'objet qu'elle admirait.

C'était la pyramide des sphères. Seulement, à présent, chacune de ces sphères tournait lentement sur elle-même, alternativement dans un sens et dans l'autre. Etincelantes, colorées, toutes semblaient habitées d'une lumière douce et chaude.

C'était si beau, si merveilleux qu'Enoch en avait le souffle coupé. Le mystère revenait à la charge avec toute sa force. Qu'était cette chose? Que signifiait-elle? Il s'était déjà cent fois posé la question sans trouver de réponse. C'était tout au plus, à ses yeux, une chose faite pour être regardée, quoiqu'il éprouvât le sentiment persistant que la pyramide de sphères répondait à un but.

Et voilà qu'elle fonctionnait!

Il avait fait d'innombrables tentatives et Lucy, au premier essai, avait compris.

Il remarqua la physionomie extatique de la jeune

fille. Etait-il possible qu'elle sache à quoi l'objet était destiné?

Il s'approcha et posa une main sur le bras de Lucy. Elle leva les yeux vers lui et Enoch fut frappé par l'éclat heureux de son regard.

Désignant la pyramide de sphères, il fit un geste interrogatif mais elle ne comprit pas. Peut-être, simplement, parce qu'elle savait qu'il était impossible d'expliquer. Elle tendit la main vers la table où s'entassaient d'autres objets, épanouie et rieuse.

Une enfant. Rien qu'une enfant avec une boîte pleine de joujoux merveilleux!

Que ressentait-elle? Sa joie, sa surexcitation venaient-elles de ce qu'elle avait subitement pris conscience de la beauté et de la nouveauté de ces objets épars?

Enoch se détourna avec lassitude et s'en fut accrocher son fusil.

Lucy n'avait pas sa place dans la station. Aucun être humain, lui excepté, n'aurait jamais dû y mettre les pieds. En ouvrant la porte à la jeune fille, il avait rompu l'accord tacite passé avec les extra-terrestres qui avaient fait de lui le gardien de la base. Il est vrai que Lucy était le seul être humain qui pût faire exception à la règle puisqu'il lui était impossible de rien révéler de ce qu'elle avait vu.

Elle ne pouvait pas rester. Il fallait la reconduire chez elle sinon il y aurait une chasse à l'homme. Une jeune fille disparue... une ravissante sourde-muette... D'ici un jour ou deux, avec une histoire pareille, les journalistes s'abattraient sur la région, les bois grouilleraient de gens participant aux recherches.

Hank Fisher raconterait comment il avait vainement essayé de pénétrer dans la maison. Alors, il aurait des émules! Et ce serait le diable et son train! Enoch en frémissait d'avance.

Pendant des années, il était parvenu à tenir les gens à l'écart mais maintenant c'en serait fait de son isolement. L'étrange maison plantée sur la crête déserte ferait figure de mystère international, elle deviendrait un sujet de conversation pour les amateurs d'énigmes du monde entier.

Enoch ouvrit le placard à pharmacie pour y prendre l'onguent contenu dans le colis de remèdes que lui avait fourni le Central Galactique.

Le coffret était plus qu'à moitié plein. Il n'avait utilisé ces produits qu'avec parcimonie. Il est vrai qu'il n'avait guère eu l'occasion de beaucoup s'en servir.

Il revint auprès de Lucy et, par gestes, lui expliqua ce qu'il avait l'intention de faire. Elle dénuda ses épaules et il se pencha pour examiner les plaies. Elles ne saignaient plus mais les chairs étaient rouges et enflammées.

Doucement, il passa l'onguent sur les blessures.

Lucy avait guéri un papillon mais elle était incapable de se guérir elle-même.

Sur la table, la pyramide de sphères continuait de brasiller, diffusant dans toute la pièce une ombre de couleur papillotante.

Elle fonctionnait, certes; mais que pouvait-elle bien faire? Il ne se passait rien.

16

Ulysse arriva comme le crépuscule faisait place à la nuit.

Enoch et Lucy venaient d'achever leur souper et étaient encore assis devant la table quand ses pas retentirent.

L'extra-terrestre, debout dans l'ombre, considéra le

couple et Enoch trouva qu'il ressemblait plus que jamais à un clown cruel. Son corps souple et agile donnait l'impression d'être recouvert de basane. Les zébrures qui le tatouaient brillaient légèrement. Ses traits anguleux, son crâne chauve, ses oreilles pointues lui prêtaient un air effrayant. Il y avait de quoi terroriser quelqu'un ignorant la bonté profonde d'Ulysse.

– Nous vous attendions, dit Enoch. Le café est au chaud.

Ulysse fit lentement quelques pas en avant, puis il s'immobilisa.

– Il y en a un autre avec vous. Un autre humain, je veux dire.

– Il n'y a rien à craindre.

– D'un autre genre. C'est une femelle, n'est-ce pas? Vous avez trouvé une compagne?

– Non. Elle n'est pas ma compagne.

– Vous avez agi avec prudence tout au long de ces années. Dans la situation qui est la vôtre, la présence d'une compagne n'est pas souhaitable.

– Vous n'avez aucune inquiétude à avoir. Elle est affligée d'une maladie. Elle ne peut pas communiquer avec le monde extérieur. Elle n'entend pas et elle ne parle pas.

– Une maladie?

– Oui. De naissance. Elle n'a jamais perçu un son et n'a jamais ouvert la bouche. Elle ne pourra pas répéter ce qu'elle aura vu ici.

– Et le langage des signes?

– Elle a refusé de l'apprendre.

– C'est une amie à vous?

– Nous sommes amis depuis plusieurs années. Elle est venue me demander de la protéger. Son père l'avait frappée à coups de fouet.

– Ce père sait-il qu'elle est ici?

– Il s'en doute mais il ne peut en avoir la certitude.

A pas comptés, Ulysse émergea de la zone d'ombre et se tint en pleine lumière.

Lucy le regardait. Son visage ne laissait deviner aucun effroi. Son regard gardait toute son assurance et toute sa confiance. Elle ne cilla même pas.

– Elle réagit bien, dit Ulysse. Elle ne prend pas la fuite. Elle ne crie pas.

– Même si elle le voulait, elle ne pourrait pas crier.

– A première vue, je dois avoir une apparence repoussante pour un humain.

– Elle ne voit pas que l'apparence. Elle vous voit aussi intérieurement.

– Aurait-elle peur si je la saluais en m'inclinant à la manière des humains?

– Je crois que cela lui ferait le plus grand plaisir.

L'extra-terrestre, une main sur l'abdomen, le buste ployé jusqu'à la taille, fit une révérence cérémonieuse et outrée. Lucy sourit et applaudit.

– Vous voyez! s'exclama Ulysse, enchanté. Je pense qu'elle me trouve sympathique.

– Asseyez-vous donc. Nous allons prendre le café tous les trois.

– J'avais oublié le café. La vue de cette autre humaine me l'avait chassé de l'esprit.

Il s'assit devant la tasse préparée. Enoch se disposait à contourner la table mais Lucy, le devançant, se leva et alla chercher le café.

– Elle comprend? interrogea Ulysse.

Enoch secoua la tête.

– Vous vous êtes assis devant la tasse et la tasse était vide.

Lucy servit et retourna s'installer sur le canapé.

– Elle ne reste pas avec nous? demanda l'extra-terrestre.

– Elle est intriguée par tous ces petits objets. Elle en a fait marcher un.

– Envisagez-vous de la garder?

– Ce n'est pas possible. On va organiser des recherches pour la retrouver. Il faut que je la reconduise chez elle.

– Je n'aime pas cette affaire.

– Moi non plus. Je reconnais que je n'aurais jamais dû la faire entrer mais, sur le moment, cela m'a paru être la seule chose à faire. Je n'ai pas eu le temps de réfléchir.

– Vous n'avez rien fait de mal, dit Ulysse d'une voix douce.

– Elle ne peut nous porter aucun préjudice. Dans la mesure où toute communication lui est interdite...

Ulysse l'interrompit.

– Ce n'est pas seulement cela. Elle représente simplement une complication. Une complication supplémentaire, hélas. Je suis venu ce soir pour vous dire que nous avons des ennuis, Enoch.

– Des ennuis? Comment cela?

Ulysse porta la tasse à ses lèvres et but une longue gorgée.

– C'est bon. J'ai rapporté la graine chez moi mais le breuvage n'a pas le même goût.

– Ces ennuis dont vous parlez...

– Vous souvenez-vous de ce Végien qui est mort ici il y a un certain temps?

– Le Lumineux?

– Il a un nom...

Enoch se mit à rire.

– Vous n'aimez pas nos sobriquets!

– Ils ne sont pas dans nos habitudes.

– Ce surnom est pour moi une marque d'affection.

– Vous l'avez enterré, n'est-ce pas?

– Dans le cimetière familial. Comme si c'était un parent. J'ai lu un verset de la Bible sur sa tombe.

– C'est bien. Il fallait qu'il en soit ainsi. Cependant, le corps a disparu...

– Disparu! s'exclama Enoch. C'est impossible!

– On l'a sorti du tombeau.

– Mais comment pouvez-vous le savoir?

– Ce n'est pas moi qui le sais. Ce sont les Végiens.

– Comment cela? Ils se trouvent à des années-lumière de distance.

Mais Enoch n'était pas convaincu par sa propre protestation. En effet, la nuit où le vieux sage était mort, quand il avait annoncé la nouvelle, le Central Galactique lui avait répondu que les Végiens étaient au courant dès l'instant où leur compatriote avait poussé son dernier soupir. Et il n'y avait pas eu besoin d'établir de certificat de décès : les Végiens connaissaient la cause de la mort.

Bien sûr, cela paraissait impossible. Mais, dans la galaxie, l'impossible était roi, l'impossible devenait possible.

Etait-il possible, par exemple, que chaque Végien soit en contact mental avec tous ceux de sa race? Ou qu'un bureau de recensement (pour donner une désignation humaine à quelque chose de quasi incompréhensible) soit en quelque sorte officiellement relié à chaque Végien vivant, informé de son lieu de résidence, de son état de santé, de ses activités?

Oui... ce pouvait fort bien être quelque chose de cet ordre. Cela n'excédait pas les stupéfiants moyens techniques que l'on rencontrait à chaque pas dès qu'il était question de la galaxie. Mais maintenir un contact semblable avec un mort, c'était autre chose!

– Le corps a disparu, répéta Ulysse. Je peux vous le dire en sachant que c'est la vérité. Vous êtes tenu pour responsable.

– Par les Végiens?

– Par les Végiens, oui. Et par toute la galaxie.

– J'ai fait ce que j'ai pu, s'écria Enoch avec véhémence. J'ai fait ce qu'on m'a demandé de faire. J'ai observé à la lettre la loi végienne. J'ai rendu les derniers honneurs au défunt, en mon nom et au nom de ma planète. Il est injuste de me faire assumer une responsabilité éternelle. D'ailleurs, je ne crois pas que le corps soit parti. Qui l'aurait pris? Personne n'était au courant.

– Sur le plan de la logique humaine, de votre logique, vous avez évidemment raison. Mais pas pour la logique végienne. Et en cette affaire, les Végiens auront le soutien du Central Galactique.

– Il se trouve que les Végiens sont mes amis, répondit sèchement Enoch. Je n'en ai jamais rencontré un seul avec qui je n'ai sympathisé. Je suis capable de régler les choses avec eux sans intermédiaire.

– S'il s'agissait seulement des Végiens, je suis persuadé que vous y arriveriez. Mais la situation est plus compliquée. Les Végiens savaient déjà depuis quelque temps que le corps avait été enlevé. Cela les ennuyait mais, pour un certain nombre de raisons, ils n'ont pas ébruité la nouvelle.

– A quoi bon? Ils n'avaient qu'à venir me voir. Je ne sais pas ce qu'on aurait pu faire mais j'aurais essayé de trouver une solution.

– Ce n'est pas à cause de vous qu'ils ont gardé le silence. C'est à cause d'autre chose.

Ulysse acheva son café, s'en versa une nouvelle tasse, remplit celle, à moitié pleine, d'Enoch et repoussa la cafetière. Wallace attendait qu'il reprenne la parole.

– Vous ne vous en êtes peut-être pas rendu compte mais, à l'époque où nous avons installé cette station, beaucoup de races de la galaxie ont manifesté une vive opposition. On justifiait cette opposition par de multiples raisons, ainsi qu'il en va toujours dans ce cas, mais le motif fondamental, si l'on va au fond des choses, se ramene en définitive à un problème de rivalité raciale ou régionale.

Enoch hocha la tête.

– Je l'ai soupçonné mais je n'y ai pas prêté grande attention.

– Il s'agit essentiellement d'une question de direction. Lorsque le Central a pris la décision d'organiser l'expansion galactique dans ce bras spiral, cela impliquait l'abandon d'autres secteurs. Or, il existe un vaste groupe de races dont le rêve séculaire est de rayonner jusqu'aux amas globulaires voisins. De fait, nos techniques rendent parfaitement possible le saut jusqu'aux amas les plus proches. En outre, la densité de poussière et de gaz y est extraordinairement faible, de sorte que l'expansion y serait beaucoup plus rapide que dans bien d'autres parties de la galaxie. Mais un tel projet ne présente, au mieux, qu'un intérêt académique, car nous ne savons pas ce que nous découvririons là-bas. Après avoir consacré à cette entreprise tout notre temps et tous nos efforts, il se peut fort bien que nous n'y trouvions rien ou presque, sinon, peut-être, quelques nouveaux territoires. Mais la galaxie en a déjà plus qu'il ne lui en faut. Néanmoins, ces amas attirent certains types d'esprits.

Enoch acquiesça.

– Je vois. Ce serait la première expédition hors la galaxie, le premier pas sur une route capable de mener à d'autres galaxies.

Ulysse lui lança un regard aigu.

– Vous aussi, murmura-t-il. J'aurais dû m'en douter.

– Je fais partie de ce type d'esprit, dit Enoch d'un ton suffisant.

– Bref, enchaîna Ulysse, la faction globulariste (je suppose que c'est ainsi que vous l'appelleriez) se plaignit amèrement lorsque nous avons commencé de pousser dans cette direction. L'expansion, vous le comprenez, en est à peine à ses débuts dans cette zone. Nous n'avons pas douze stations alors qu'il nous en faudrait une centaine. Des siècles seront nécessaires pour constituer le réseau.

– Et cette faction est toujours en révolte. Et il est encore temps d'interrompre votre projet d'expansion.

– Exactement. D'où nos ennuis. L'opposition est parfaitement capable d'utiliser la disparition du cadavre pour parvenir à ses fins. Ce serait pour elle un argument d'ordre passionnel efficace. Divers groupes représentant des intérêts particuliers sont actuellement en train de se coaliser avec les globularistes, et l'anéantissement de notre programme d'expansion permettrait à ces groupes d'obtenir plus aisément ce qu'ils cherchent.

– Son anéantissement?

– Oui. Dès que la disparition du corps sera connue, ils se hâteront de crier sur tous les toits qu'une planète aussi barbare que la Terre ne convient pas à l'établissement d'une station. Ils exigeront l'abandon de la base.

– Ils ne peuvent pas faire cela!

– Si. Ils diront qu'il est dégradant et dangereux d'entretenir une station dans un lieu où l'on va jusqu'à violer les sépultures, où les morts honorés ne peuvent pas reposer en paix. Ce genre d'arguments archi-émotionnels est de nature à être massivement adopté et soutenu dans certaines régions de la galaxie. Les Végiens ont fait de leur mieux. Ils ont tu l'incident pour ne pas porter préjudice au projet. C'est la première fois qu'ils font une chose pareille. Les Végiens sont un peuple fier où le sens de l'honneur est peut-être plus prononcé que chez d'autres races : cependant, ils ont accepté d'aller contre leur honneur dans l'intérêt d'une cause supérieure. Seulement, l'affaire a fini par transpirer. Espionnage, sans aucun doute. Et ils ne peuvent pas perdre publiquement la face. Le Végien qui va arriver tout à l'heure est un délégué chargé de vous remettre une note de protestation officielle.

– A moi?

– A vous et, par votre entremise, à la Terre.

– Mais que vient faire la Terre là-dedans? La Terre n'est au courant de rien.

– Certes mais, aux yeux du Central Galactique, vous êtes la Terre. Vous représentez la Terre.

Enoch secoua la tête. C'était un raisonnement absurde. Mais, se dit-il, il ne devrait pas être surpris : c'était un raisonnement auquel il aurait dû s'attendre. Il avait des notions trop rigides, trop étroites. Il avait été formé selon des critères mentaux humains et, en dépit du temps écoulé, ses habitudes de pensée persistaient, et si tyranniquement que tout ce qui les contredisait lui paraissait automatiquement faux.

Fausse aussi cette idée d'abandonner la station terrestre. Cela n'avait pas de sens! Car un tel repli ne sonnerait nullement le glas du grand projet. Quoique selon toute vraisemblance, tous les espoirs que nourrissait Enoch pour la race humaine seraient *ipso facto* réduits à néant.

– Mais, en supposant que vous soyez contraints d'abandonner la Terre, vous pourriez construire une autre station sur Mars.

– Vous ne comprenez pas! Cette station n'est rien de plus qu'un marchepied. L'objectif de l'opposition est de faire échouer le projet. Si elle parvient à nous obliger à renoncer à une seule station, nous serons discrédités et ce sera la révision complète de toute notre doctrine.

– Mais même si votre projet est démantelé, cela ne donnera à aucun groupe la garantie de la victoire. Il y aura simplement un débat général pour déterminer le moment favorable. Vous dites que divers intérêts se coalisent contre nous. Admettons que ces factions l'emportent : aussitôt, elles se diviseront et se mettront à se battre entre elles.

– Ce serait vrai si chacune avait une chance égale mais tel n'est pas le cas. Il y a un groupe, à l'autre extrémité de la galaxie, qui veut se rendre dans un secteur particulier de l'anneau. Ces gens-là croient encore que leur race est issue d'un peuple migrateur venu d'une autre galaxie. Ils pensent que s'ils parviennent à s'élancer hors de l'anneau, ils transformeront la légende en fait historique pour leur plus grande gloire. Un autre groupe vise un petit bras spiral parce que, selon un obscur document, leurs ancêtres auraient, dans un passé extrêmement reculé, capté des messages quasiment indéchiffrables qui seraient venus de cette direction. Le temps passant, cette histoire s'est amplifiée et, aujourd'hui, le groupe en question est persuadé qu'une race de géants intelligents habite cette région. Et de toutes parts, des pressions s'exercent en faveur d'une pénétration en profondeur du noyau galactique. Comprenez bien que nous n'en sommes qu'à nos premiers pas. La galaxie n'a encore été explorée que très superficiellement. Les milliers de races membres du Central ne sont encore qu'une petite avant-garde de pionniers.

– On dirait que vous n'avez pas grand espoir de maintenir cette base.

– Nous n'en avons presque pas. Mais, en ce qui vous concerne, vous pourrez faire un choix : ou rester sur place et vivre comme un Terrien ordinaire, ou être affecté à une autre station. Le Central Galactique souhaite que vous décidiez de poursuivre votre tâche avec nous.

– Cela paraît être une décision sans appel.

– Hélas oui. Je regrette d'être porteur de mauvaises nouvelles, Enoch.

Enoch était frappé de stupéfaction. Mauvaises nouvelles! Et le mot était faible! C'était non seulement l'écroulement de son univers personnel mais encore l'effondrement des espoirs de l'Homme. Une fois la station évacuée, la Terre se retrouvait une fois de plus reléguée au fond de sa lointaine province; elle ne pourrait réaliser son destin dans le cadre de la galaxie. Seule, sans défense, la race des hommes demeurerait enlisée dans la vieille ornière, se frayant en aveugle une voie incertaine vers un avenir clos, un avenir aberrant.

17

Le Lumineux était un vieillard. Le halo d'or qui l'enveloppait avait perdu l'éclat de la jeunesse. Sa lueur tamisée n'était pas éblouissante, comme il en allait pour ses semblables à l'âge de l'adolescence. Il avait un port majestueux et cette sorte de crête flamboyante qui surmontait son crâne (ce n'étaient ni des cheveux ni des plumes) était d'une blancheur de neige. Son expression était empreinte de douceur et de tendresse, une douceur et une tendresse qui, se fût-il agi d'un homme, se seraient peut-être manifestées par un visage bienveillant et plissé de rides.

– Je regrette que ce soit dans de telles circonstances qu'ait lieu notre rencontre, dit le Végien à Enoch. Je suis néanmoins heureux de faire votre connaissance. J'ai entendu parler de vous. Il n'est pas fréquent qu'un habitant d'une planète extérieure soit gardien de station. Aussi, mon jeune ami, m'intriguiez-vous. Je me demandais quelle genre de créature vous pouviez être.

– Vous n'avez rien à redouter, fit Ulysse avec une pointe de sécheresse. Je me porte garant de lui. Il y a des années que dure notre amitié.

– C'est vrai... j'avais oublié que c'est vous qui l'avez découvert. (Le Végien examina la pièce.) Tiens... Il y en a un autre. J'ignorais qu'ils étaient deux.

– C'est une amie d'Enoch, expliqua Ulysse.

– Il y a donc eu contact sur cette planète?

– Non. Aucun contact.

– Une indiscrétion, alors?

– Si vous voulez, mais provoquée par des mobiles auxquels je doute que vous comme moi eussions résisté.

Lucy s'était levée et s'approchait d'une démarche lente et silencieuse. On eût dit qu'elle flottait.

– Je suis très heureux de vous connaître, lui dit le Végien en langue vulgaire.

– Elle ne vous entend pas, fit Ulysse. Elle est dépourvue de moyens de communication.

– Compensation.

– Vous croyez?

– J'en suis sûr.

Le Lumineux s'approcha de Lucy.

– Ce... cette forme femelle. Je ne sais le nom que vous lui donnez... Elle n'a pas peur.

Ulysse se mit à rire.

– Non... Même pas de moi!

Le Végien tendit la main en direction de la jeune fille qui, après quelques secondes d'immobilité, la prit dans la sienne. L'étreinte avait quelque chose de quasi tentaculaire.

Un instant, Enoch eut l'impression que la brume d'or qui enveloppait le Lumineux se distendait pour recouvrir également la Terrienne. Il ferma les yeux. Quand il les rouvrit, l'illusion, si c'en avait été une, s'était dissipée. L'immatérielle tunique d'or couvrait le seul corps de l'extra-terrestre.

Mais comment se faisait-il que Lucy n'eût l'air d'avoir peur ni d'Ulysse ni du Lumineux? Etait-ce parce qu'elle pouvait voir au-delà des apparences et reconnaître l'humanité fondamentale qui était l'apanage de ces deux êtres? (Mon Dieu, se dit-il, même maintenant, je suis incapable de penser autrement qu'en termes d'humanité!)

Lucy lâcha la main du Lumineux et retourna s'asseoir sur le canapé.

– Enoch Wallace, dit le Végien.

– Oui.

– Appartient-elle à votre race?

– Oui, bien sûr.

– Elle est très différente de vous. Ce serait presque à croire qu'il existe deux races dissemblables sur cette planète.

– Il n'en existe pourtant qu'une seule.

– Y a-t-il beaucoup d'êtres comme elle?

– Je ne saurais vous répondre.

– Café, laissa tomber Ulysse. Vous ne voulez pas un peu de café?

Le Lumineux fit volte-face.

– Du café?

– C'est un breuvage merveilleux. Une des grandes réussites de la Terre.

– Je ne connais pas. Et je ne pense pas que j'aie envie de connaître. (Il se tourna vers Enoch dans un mouvement rempli de dignité.) Vous savez pourquoi je suis ici? Je déplore les raisons qui motivent ma présence mais...

– Si vous voulez, fit Enoch l'interrompant, nous pourrions considérer que vous avez émis votre protestation. Je le confirmerai par écrit.

– Pourquoi pas? dit Ulysse. A mon sens, il est inutile qu'il y ait une scène pénible entre nous trois.

Le Lumineux parut hésiter.

– Maintenant, si vous estimez que vous êtes dans l'obligation de formuler explicitement vos griefs...

– Non, Enoch. Je me contenterai d'une protestation tacite si vous avez la générosité de l'accepter.

– Elle est acceptée mais à une condition : je veux avoir l'assurance que l'accusation est fondée. Il faut que j'aille vérifier.

– Vous ne me croyez pas?

– Il ne s'agit pas de croire ou de ne pas croire. Il s'agit d'une chose susceptible d'être vérifiée. Je ne peux considérer vos accusations comme recevables, en mon nom propre comme au nom de la Terre, tant que je n'aurai pas vérifié.

– Le Végien a fait preuve de courtoisie, Enoch, dit Ulysse. Pas seulement maintenant mais avant même cette entrevue. Ses congénères n'insistent qu'à contre-cœur. Ils ont consenti de lourds sacrifices pour protéger la Terre et vous-même.

– Autrement dit, je me montrerais discourtois, moi, si je refusais d'accepter sa protestation et cette accusation sur la base de ses seules affirmations?

– Je suis navré, Enoch, mais c'est effectivement là le fond de ma pensée.

Enoch hocha la tête.

– Depuis des années, j'essaye de comprendre les principes moraux et les opinions de tous les êtres qui passent ici, et de m'y conformer. Je me suis astreint à passer outre à mes instincts et à mon conditionnement de Terrien. Je me suis efforcé de comprendre des points de vue différents, des modes de pensées étrangers contre lesquels, bien souvent, les miens se rebellaient. J'en suis heureux car j'ai eu ainsi l'occasion de dépasser l'étroitesse de vue des Terriens. J'estime y avoir gagné quelque chose. Mais rien jusque-là ne touchait ma planète : il n'y avait que moi en cause. Or, la Terre est impliquée dans l'affaire qui nous occupe aujourd'hui et il me faut considérer celle-ci dans une optique de Terrien. Dans ce cas particulier, je ne suis plus simplement le gardien d'une base galactique.

Aucun de deux extra-terrestres ne répondit. Enoch attendit. Comme le silence se prolongeait, il se leva et marcha vers la porte.

— Je reviens dans un moment, dit-il.

Il prononça la formule et le mur glissa sur lui-même.

— Si vous n'y voyez pas d'inconvénient, j'aimerais vous accompagner, fit doucement le Végien.

— J'en serais enchanté. Venez.

Dehors, il faisait noir. Enoch alluma la lanterne. Le Végien l'observait avec attention.

— Combustible d'origine fossile, murmura Enoch. La mèche en est saturée et elle se consume à son extrémité.

— Vous avez sûrement quelque chose de mieux que cela! s'exclama le Végien horrifié.

— Beaucoup mieux, oui. Mais, moi, je suis démodé, voilà tout.

— Une planète sauvage, dit l'autre en lui emboîtant le pas.

— Ici, elle est sauvage. Mais en d'autres endroits, elle est domestiquée.

— Chez moi, tout est contrôlé, organisé, planifié.

— Je sais. J'ai parlé avec un grand nombre de Végiens qui m'ont décrit votre planète.

Ils marchèrent vers la grange.

— Vous ne voulez pas retourner? demanda Enoch.

— Non. C'est passionnant. Ce sont des plantes sauvages, là?

— Nous les appelons des arbres.

— Et le vent souffle comme il lui plaît?

— Oui. Nous ne savons pas encore maîtriser les éléments.

Enoch s'empara de la bêche appuyée derrière la porte de la grange et prit la direction du verger.

— Vous savez évidemment que vous ne retrouverez pas le corps, dit le Végien.

– Je suis effectivement préparé à constater sa disparition.

– En ce cas, pourquoi...

– Il me faut une certitude absolue. C'est là une chose que vous ne pouvez comprendre, n'est-ce pas?

– Vous nous avez dit tout à l'heure que vous vous êtes efforcé de nous comprendre. Peut-être, pour changer, est-il bon que l'un d'entre nous essaye à son tour de vous comprendre, vous.

Le Végien sur ses talons, Enoch suivit le chemin qui traversait le verger et menait à la grossière barrière fermant l'enclos funéraire.

– C'est là que vous l'avez enseveli?

– C'est le cimetière de ma famille. Mon père et ma mère y sont enterrés. Je l'ai inhumé à côté d'eux.

Il tendit sa lanterne au Végien et, la bêche à la main, avança vers la tombe. Le fer s'enfonça dans la terre.

– Voudriez-vous approcher la lanterne?

L'extra-terrestre fit un ou deux pas.

Enoch se mit à genoux pour balayer les feuilles mortes amoncelées. L'humus, sous ce tapis, était meuble et humide comme s'il avait été retourné récemment. Enoch remarqua une sorte de dépression au fond de laquelle il y avait un petit trou. Tandis qu'il s'activait, il entendait le bruit des mottes tomber dans cet entonnoir et résonner en s'écrasant sur quelque chose qui n'était pas de la terre.

Le Végien avait à nouveau déplacé la lanterne et Enoch ne pouvait rien distinguer. Mais il n'avait pas besoin de regarder. Il savait qu'il était inutile de creuser davantage. Il savait ce qu'il allait découvrir. Il aurait dû monter la garde. Il avait eu tort d'ériger une pierre tombale, bien faite pour attirer l'attention. Mais les Galactiques lui avaient dit d'agir comme pour un membre de sa propre race. Et Enoch avait obéi.

Il sentait l'humidité de la terre s'infiltrer à travers l'étoffe de son pantalon.

– Personne ne m'en a parlé, murmura soudain le Lumineux.

– De quoi?

– De la stèle. Et de ce qui est écrit dessus. Je ne pensais pas que vous connaissiez notre langue.

– Je l'ai apprise il y a bien longtemps. J'avais des rouleaux que j'avais envie de lire. Mais j'ai peur d'avoir commis des fautes.

– Il y a deux mots mal orthographiés et une expression un peu maladroite. Mais c'est vraiment sans importance. Ce qui compte, en revanche, et c'est énorme, c'est que, quand vous avez rédigé ce texte, vous pensiez de la même manière que l'un d'entre nous.

Enoch se releva et reprit la lanterne.

– Retournons, fit-il d'une voix dure. Je sais qui est responsable de cela. Il va falloir que je le retrouve.

Le vent gémissait dans les arbres. Le boqueteau de bouleaux était une masse blanchâtre sous le faisceau de la lanterne. Enoch savait que ce boqueteau couronnait un promontoire qui s'abaissait ensuite sur plus de vingt mètres; il fallait tourner à droite pour le contourner, puis continuer de descendre le versant de la colline.

Il jeta un bref coup d'œil derrière lui. Lucy le suivait pas à pas. Elle lui sourit. D'un geste, il lui indiqua la direction à prendre. Ce n'était d'ailleurs pas nécessaire : elle connaissait encore mieux le terrain que lui.

Il atteignit la brèche et se laissa glisser. A sa gauche, il entendait le ruisseau qu'alimentait la source dévaler le ravin.

La descente se fit plus raide.

Même dans l'obscurité, il reconnaissait le chêne blanc, étrangement tordu, qui se dressait au faîte de la colline, les chênes rouges qui surmontaient un énorme éboulis et que nul bûcheron n'avait jamais tenté de couper, le minuscule marais, envahi de fléoles, niché au creux d'une terrasse.

Là-bas, très loin, on distinguait une fenêtre éclairée.

Enoch et la jeune fille arrivèrent devant une palissade rudimentaire faite de pieux entre lesquels ils se faufilèrent. Le sol, à présent, était plus égal. Quelque part, un chien aboya. Un second lui répondit, puis d'autres joignirent leurs voix au duo et la meute se rua vers le couple. Les molosses négligèrent Enoch pour s'élancer sur Lucy – et se figèrent à sa vue : l'équipe de gardiens se transforma brusquement en un comité d'accueil. Enoch franchit le potager en prenant bien soin de ne pas s'écarter du chemin tracé. Il arriva dans la cour au fond de laquelle se dressait la maison délabrée et de guingois. La fenêtre de la cuisine était éclairée.

Enoch traversa la cour et frappa à la porte. Il perçut un bruit de pas qui s'approchaient.

La porte s'ouvrit et Ma Fisher apparut sur le seuil, ombre noire devant la lumière. C'était une femme grande et osseuse, enveloppée dans quelque chose qui ressemblait plus à un sac qu'à une robe.

Elle considéra Enoch d'un air mi-effrayé mi-belliqueux. Puis elle aperçut la jeune fille.

– Lucy!

Lucy s'élança vers sa mère qui la serra dans ses bras.

Enoch posa la lanterne à terre, glissa son fusil sous le bras et entra.

La famille Fisher était en train de dîner, assise autour d'une grande table ronde au centre de laquelle était posée une lampe à huile d'une forme compliquée. Hank s'était levé mais les autres convives – ses trois fils et l'étranger – n'avaient pas bougé de leur place.

– Comme ça, vous la ramenez?

– Je l'ai retrouvée, répondit Enoch.

– On a interrompu les recherches il y a un petit moment. On allait les reprendre.

– Vous rappelez-vous ce que vous m'avez dit tout à l'heure?

– Je vous ai dit beaucoup de choses.

– Vous m'avez dit que j'étais possédé par un démon. Levez encore une fois la main sur votre fille et je vous donne ma parole que vous ferez connaissance avec ce démon.

– Vous pouvez toujours bluffer, ça ne prend pas!

Mais l'homme était manifestement effrayé. Cela se voyait à la veulerie de son expression, à la rigidité de son attitude.

– Ce ne sont pas des paroles en l'air, reprit Enoch. Vous n'avez qu'à essayer et vous verrez.

Ils se dévisagèrent quelques instants en silence puis Hank se rassit.

– Vous voulez manger un morceau avec nous? proposa-t-il.

Enoch fit non de la tête. Son regard se posa sur l'étranger.

– C'est vous, le chasseur de ginseng?

L'inconnu acquiesça :

– Oui. C'est ainsi qu'on m'appelle.

– J'ai à vous parler. Dehors.

Claude Lewis se mit debout.

– Vous n'êtes pas obligé, jeta Hank. Il peut pas vous forcer. Il n'a qu'à vous causer ici s'il veut.

– Je n'y vois pas d'inconvénient, fit Lewis. En fait, je désire lui parler, moi aussi. Vous êtes Enoch Wallace, n'est-ce pas?

– Oui, c'est Enoch Wallace, dit Hank. Il devrait être mort de vieillesse depuis cinquante ans. Mais regardez-le! Il est possédé du diable. Croyez-moi : il a un pacte avec le diable.

– Taisez-vous, Hank, fit Lewis.

Il contourna la table et marcha vers la porte.

– Bonsoir, lança Enoch.

– Merci d'avoir ramené la petite, monsieur Enoch, murmura Ma Fisher. Hank ne la frappera plus, je vous le promets. J'y veillerai.

Enoch sortit et referma la porte. Il ramassa la lanterne et s'avança vers Lewis qui l'attendait au milieu de la cour.

– Venez. On va faire un tour.

Ils s'arrêtèrent au coin du jardin.

– Vous m'épiez, attaqua Enoch.

Lewis le reconnut d'un signe du menton.

– C'est une surveillance officielle ou une curiosité personnelle?

– Officielle. Je me nomme Claude Lewis. Il n'y a pas de raison pour que vous ne le sachiez pas : j'appartiens à la C.I.A.

– Je ne suis ni un traître ni un espion.

– Personne ne pense que vous en soyez un. Nous vous surveillons, c'est tout. Je suppose que vous comprenez pourquoi.

– Vous êtes au courant... pour le cimetière?

Lewis fit oui de la tête.

– Vous avez pris quelque chose dans une tombe.

– Oui. Celle qui était surmontée d'une épitaphe assez bizarre.

– Où est-il?

– Vous voulez parler du corps? A Washington.

– Vous avez eu tort de l'enlever, dit Enoch d'une voix menaçante. Vous avez provoqué une foule de complications. Il faut que vous le remettiez le plus vite possible là où vous l'avez pris.

– Cela demandera un certain délai. Nous aurons besoin d'un avion... Vingt-quatre heures, peut-être.

– Cela ne peut pas se faire plus rapidement?

– J'essaierai.
– Faites de votre mieux. La restitution du corps est une question importante.
– Comptez sur moi, Wallace. Je ne pensais pas que c'était si grave.
– Lewis...
– Oui?
– Ne jouez pas au petit soldat avec moi. Ne cherchez pas à me faire des entourloupettes. Faites ce que je vous demande, c'est tout. Je tâche de me montrer raisonnable parce que c'est le seul moyen, mais si vous essayez de m'avoir... (Il empoigna Lewis par le devant de sa chemise.) Vous m'avez compris?
Lewis demeura impassible. Il n'essayait même pas de se dégager de l'étreinte d'Enoch.
– J'ai été chargé d'accomplir un boulot, dit-il.
– Un boulot, oui : me surveiller. Mais pas violer les tombes.
Il lâcha l'agent secret.
– Wallace, ce que j'ai trouvé dans cette tombe... dites-moi ce que c'est.
– Ce n'est pas votre affaire, répondit sèchement Enoch. Votre affaire, c'est de restituer le corps. Vous êtes sûr de pouvoir y arriver? Rien ne s'y opposera?
Lewis fit un geste de dénégation.
– Absolument rien. Je passerai un coup de fil dès que j'aurai un téléphone sous la main. Et je leur dirai que c'est... impératif.
– Oh oui! C'est impératif! Jamais vous n'avez eu de mission plus importante à exécuter. Ne perdez pas cela de vue un seul instant. Cette affaire concerne tous les habitants de la Terre. Vous, moi, tout le monde. Et si vous échouez, ce sera à moi que vous aurez des comptes à rendre.
– Vous m'abattrez d'un coup de fusil?
– Peut-être. Et ne vous faites pas d'illusions, ne

vous imaginez pas que j'hésiterai. Dans les circonstances présentes, je suis prêt à tuer n'importe qui.

– Vous ne pouvez rien me dire, Wallace?

– Rien.

Enoch ramassa la lanterne.

– Vous rentrez? s'enquit Lewis.

Son interlocuteur se contenta de hocher la tête.

– La surveillance que nous exerçons sur vous semble vous laisser indifférent.

– Votre espionnage, je m'en moque. C'est seulement votre ingérence qui me gêne. Quand vous aurez rendu le corps, vous pourrez continuer de me surveiller si cela vous chante. Mais attention! De loin. Et sans toucher à rien.

– Mais, bon Dieu! Vous pouvez quand même me dire de quoi il s'agit au juste!

Enoch parut hésiter et Lewis insista :

– Rien que l'idée générale. Je ne vous demande pas d'entrer dans les détails mais...

– Quand vous aurez ramené le corps, nous pourrons peut-être reprendre cette conversation.

– Comptez sur moi.

– Si vous ne le restituez pas, vous êtes un homme mort.

Enoch fit demi-tour et s'éloigna en direction de la colline.

Longtemps, Lewis resta planté au milieu de la cour, suivant des yeux la lueur vacillante de la lanterne jusqu'à ce qu'elle eut disparu.

18

Quand Enoch rentra dans la station, Ulysse était seul, allongé sur le canapé. Il avait fait transiter le voyageur thubain et rapatrié le vieux Végien. Du café frais était en train de passer.

Enoch accrocha son fusil et éteignit la lanterne. Il ôta sa veste qu'il jeta sur le bureau et s'assit à côté de l'extra-terrestre.

– Le corps sera de retour demain à cette heure-ci.

– Je souhaite sincèrement que cela arrange les choses mais j'en doute.

– Peut-être n'aurais-je pas dû m'en inquiéter, fit Enoch avec sécheresse.

– Cela prouvera votre bonne foi et aura peut-être une influence favorable au moment de la décision.

– Le Lumineux aurait pu me dire où se trouve le corps. S'il savait qu'on l'avait enlevé, il doit savoir aussi où il est.

– Je présume qu'il le savait, en effet, mais il ne pouvait vous le dire. Il ne pouvait que vous faire des protestations. Pour le reste, c'était à vous d'agir. Il lui était impossible, par dignité, de vous suggérer une ligne de conduite. Officiellement, il doit rester la partie lésée, l'offensé.

– Par moments, il y a de quoi devenir fou, soupira Enoch. En dépit des directives du Central Galactique, il faut toujours s'attendre à des surprises, à des chausse-trapes qui s'ouvrent sous vos pas!

– Un jour, peut-être, il en ira différemment. Je vois ce que sera l'avenir. Je vois que dans quelques millénaires, toute la galaxie ne sera plus qu'une unique et vaste civilisation, une île immense de compréhension mutuelle. Les variations locales et raciales continueront toujours d'exister, bien sûr, et il le faut, mais elles seront noyées dans une mer de tolérance qui réalisera ce qu'on serait tenté d'appeler une fraternité.

– On dirait presque un humain quand on vous entend! Nombreux sont les idéologues de la Terre à entretenir un espoir analogue.

— Peut-être. La Terre a déteint sur moi, voyez-vous. On ne saurait vivre aussi longtemps que je l'ai fait sur votre planète sans être plus ou moins marqué de son empreinte. A propos, vous avez fait bonne impression sur le Végien.

— Je ne m'en étais pas aperçu. Je l'ai trouvé aimable et correct mais sans plus.

— Il a été touché par l'épitaphe que vous avez gravée sur la pierre tombale.

— Ce n'était pas dans cette intention que je l'ai rédigée. Je l'ai écrite parce que j'en ai éprouvé le besoin. Et parce que j'aime les Lumineux. J'ai simplement voulu faire en sorte de respecter leur dignité.

— S'il n'y avait toutes ces factions qui nous harcèlent, je suis convaincu que les Végiens accepteraient de considérer que l'incident est clos — et vous n'imaginez pas l'importance que revêtirait une pareille concession de leur part. Il n'est même pas exclu qu'ils se coalisent avec nous lorsque sonnera l'heure de l'épreuve de force.

— Voulez-vous dire qu'ils pourraient sauver la station?

Ulysse hocha la tête.

— Je doute que quiconque y parvienne. Mais les choses seraient plus faciles pour le Central Galactique s'ils alliaient leur puissance à la nôtre.

La cafetière commençait à bouillonner et Enoch la retira du feu. Ulysse fit de la place sur la tablette encombrée pour y disposer deux tasses que Wallace remplit.

L'extra-terrestre en prit une, la garda un moment entre ses mains, puis il la reposa.

— Cela ne va pas très fort, soupira-t-il. Ce n'est plus comme autrefois. Le Central Galactique est inquiet. Conflits entre les races, incidents, polémiques... (Il leva les yeux vers Enoch.) Vous pensiez que tout allait pour le mieux dans le meilleur des mondes?

– Non. Mais je me figurais que ces querelles se situaient sur un plan plus élevé. Que l'on se heurtait mais avec courtoisie et en employant des procédés élégants.

– C'était le cas, jadis. Il y a toujours eu des divergences d'opinion mais elles avaient pour motifs des questions de principe ou des points d'éthique, pas des intérêts particuliers. Vous avez évidemment entendu parler de la force spirituelle? La force spirituelle universelle?

Enoch hocha la tête.

– J'ai lu un certain nombre de choses à son propos. Je ne comprends pas tout à fait de quoi il s'agit mais je suis prêt à en accepter la notion. Je sais qu'il existe un moyen d'entrer en contact avec cette force.

– Le Talisman.

– C'est cela : le Talisman. Une sorte de machine.

– Si vous voulez, quoique le terme de *machine* soit un peu grossier. C'est autre chose qu'un simple assemblage mécanique. Le Talisman est unique. Il n'en a jamais été réalisé qu'un seul. Son constructeur vivait il y a dix mille de vos années. J'aimerais être capable de vous dire ce qu'est le Talisman mais je crains que personne ne puisse vous l'expliquer. Certains ont essayé de le reproduire mais sans succès. Le mystique qui l'a inventé n'a rien laissé : ni plan, ni cotes, ni spécification. Pas même une simple note. Nul ne connaît la nature de l'objet.

– Rien n'interdit qu'il n'en existe un second, je pense? Pas de tabous? En faire un autre ne serait pas sacrilège?

– Aucunement. En fait, nous aurions grand besoin d'en avoir un autre. Parce que le Talisman n'est plus en notre possession. Il a disparu.

Enoch tressaillit :

– Disparu?

– Perdu. Volé. Egaré. Personne ne sait.

— Mais je ne...

Ulysse eut un sourire morne.

— Non, vous n'en avez pas entendu parler, je sais. C'est là une chose dont nous ne parlons pas. Nous n'osons pas le faire. Il ne faut pas que les gens sachent. Pour le moment, en tout cas.

— Mais comment pouvez-vous les tenir dans l'ignorance?

— Ce n'est pas tellement compliqué. Vous savez comment les choses se passaient? Le gardien allait de planète en planète avec le Talisman que l'on exhibait devant de vastes foules rassemblées; alors, les participants entraient en contact avec la force spirituelle. L'itinéraire n'était pas fixé à l'avance. Le gardien allait à l'aventure. Cent ans ou plus pouvaient s'écouler avant qu'il ne revienne sur une planète donnée. La population n'anticipe pas sa visite. Elle sait seulement qu'il débarquera un jour ou l'autre avec le Talisman.

— C'est donc comme cela qu'il vous a été possible de cacher sa disparition des années et des années durant?

— Oui. Nous n'avons pas eu de difficultés de ce côté.

— Mais les dirigeants, les administrateurs sont au courant, n'est-ce pas?

Ulysse secoua la tête.

— Nous avons mis très peu de personnes dans le secret. Juste celles en qui nous pouvions avoir confiance et elles ne sont pas nombreuses. Le Central Galactique sait à quoi s'en tenir, évidemment, mais nous ne sommes pas des gens bavards.

— En ce cas, pourquoi...

— Pourquoi je vous en ai parlé? Je n'aurais pas dû, je sais bien. Je ne sais pas pourquoi. Et pourtant si, je crois que je le sais... Quelle impression cela fait-il, ami, de jouer le rôle du confesseur au cœur charitable?

— Vous êtes soucieux. Je n'aurais jamais pensé que je vous verrais dans cet état.

– C'est une affaire fort étrange. Le Talisman n'est plus là depuis plusieurs années et nul n'est au courant, sauf le Central Galactique et... quel nom lui donneriez-vous?... la Hiérarchie? L'organisation des mystiques. Pourtant, en dépit de cette ignorance, la galaxie commence à craquer. Le temps aidant, ce sera peut-être l'éclatement. Comme si le Talisman représentait une force qui, à leur insu, assurait la cohésion des races habitant la galaxie; comme si son influence se manifestait même quand il n'était pas visible.

– Mais, même s'il est perdu, il est quelque part. Il devrait donc toujours exercer cette influence. On n'a pas pu le détruire.

– Vous oubliez qu'il est inopérant sans son gardien. Le Talisman agit simplement comme trait d'union entre le Sensitif et la force cosmique. Il est une extension du Sensitif. Il exalte les aptitudes de celui-ci et agit comme une espèce de lien. Il permet au Sensitif de remplir sa fonction.

– Vous estimez que la situation présente est en partie la conséquence de la perte du Talisman?

– Pas directement mais c'est un phénomène caractéristique. Ce qui se passe ici est symptomatique. Les mêmes querelles mesquines, les mêmes disputes frivoles qui ont éclaté un peu partout dans la galaxie! Autrefois, tout cela se serait réglé avec... comment dirai-je? dans un esprit chevaleresque. Sur le plan des principes et de l'éthique.

Enoch et Ulysse restèrent quelque temps silencieux, écoutant le vent qui faisait grincer les pignons.

– Ne vous tracassez pas, reprit l'extra-terrestre. Ce n'est pas à vous de vous faire du souci. Je n'aurais pas dû vous mettre dans la confidence. C'est inconsidéré de ma part.

– Vous croyez vraiment qu'il y a détérioration des rapports inter-raciaux dans la galaxie?

– Autrefois, toutes les races étaient unies. Des différences, il en existait, naturellement, mais elles étaient surmontées. Il y avait un dessein commun : forger la grande fraternité des intelligences. Nous avions conscience d'être, ensemble, détenteurs d'un prodigieux capital de connaissances et de techniques. En travaillant de concert, en rassemblant tout ce savoir, toutes ces compétences, nous pouvions parvenir à quelque chose d'infiniment plus vaste et plus décisif qu'aucune race œuvrant seule. Nous avions nos difficultés, nos différends, mais nous avancions. Nous négligions délibérément les animosités mesquines, les querelles médiocres, pour ne nous attaquer qu'aux points d'opposition importants, certains que si nous réussissions à régler les problèmes sérieux, les autres nous apparaîtraient si minces qu'ils s'évanouiraient du même coup. Mais, actuellement, la situation s'est modifiée. On note une tendance à s'attacher aux détails infimes pour les enfler démesurément.

– On croirait vous entendre parler de la Terre!

– Il y a de nombreux parallèles avec la Terre, c'est vrai. En principe, tout au moins, car les circonstances pratiques sont sans aucun rapport avec la situation sur Terre.

– Avez-vous lu les journaux que je vous ai mis de côté?

– Oui. Pas très encourageant...

– Cela sent la guerre.

Ulysse s'agita, mal à l'aise.

Enoch insista :

– Vous n'avez pas de guerres, vous?

– Dans la galaxie, vous voulez dire? Non. Depuis que nous sommes organisés comme nous le sommes, nous n'avons pas de guerres.

– Vous êtes trop civilisés pour cela?

– Pourquoi cette amertume, Enoch? A une ou deux

reprises, nous avons été à deux doigts de la guerre mais cela remonte à bien longtemps. De nombreuses races, membres de la confraternité galactique, ont un passé guerrier datant de leur jeunesse.

– Alors, il y a de l'espoir pour nous. Si c'est une maladie infantile dont on guérit en grandissant.

– Il est possible d'en guérir avec le temps.

– Mais pas certain?

– Non.

– J'ai élaboré un tableau en travaillant sur la base des statistiques de Mizar. Il conclut à la guerre.

– Point n'est besoin d'un diagramme pour le prédire!

– Mais il y a autre chose. Ce n'était pas simplement le fait de savoir s'il y aurait la guerre. J'espérais trouver grâce à cet abaque le moyen de sauvegarder la paix. Il en existe sûrement un. Si seulement on arrivait à le déterminer ou à savoir dans quelle direction chercher ou à...

– Il existe un moyen.

– Quoi? Vous connaissez...

– C'est un moyen radical. L'ultime solution, celle à laquelle on a recours en tout dernier ressort.

– Et nous n'en sommes pas encore là?

– Peut-être que si. Le type de guerre que se feraient les Terriens pourrait signifier virtuellement l'anéantissement de la civilisation. Voire la destruction de la vie sur toute la planète.

– Cette méthode... a-t-elle déjà été employée?

– Parfois.

– Avec un résultat positif?

– Oh! certainement! Sinon, nous n'aurions même pas songé à l'utiliser.

– Pourrait-elle être appliquée dans le cas de la Terre?

– Vous pouvez demander qu'on l'applique.

– Moi?

– Oui, en tant que représentant de la Terre. Vous êtes à ce titre habilité à introduire une requête en ce sens auprès du Central Galactique. Vous déposerez vos conclusions. Si vos arguments paraissent fondés, le Central désignera une commission d'enquête et prendra une décision après avoir pris connaissance de son rapport.

– Mais pourquoi moi?

– Pour intervenir auprès du Central, il faut être au courant de son existence et vous êtes le seul Terrien à la connaître. Sans compter que vous faites partie de son personnel. Il y a longtemps que vous assurez la gestion de cette station. Vous avez de bons états de service. Nous vous écouterons.

– Mais un seul homme! Comment un simple individu peut-il parler au nom de toute une race?

– Vous êtes le seul membre de cette race à posséder les qualifications requises.

– Si encore il m'était permis de prendre l'avis de quelques-uns de mes compatriotes...

– Ce n'est pas possible. D'ailleurs, qui vous croirait?

– C'est vrai.

Evidemment... La notion de confraternité galactique, l'idée d'un réseau de communication inter-stellaire n'avaient plus rien d'insolite pour Enoch. Il lui arrivait encore parfois de s'émerveiller mais il en avait pris l'habitude. Il lui avait fallu des années pour en arriver là. Il avait eu un mal fou à accepter pleinement la réalité qu'il avait sous les yeux. Mais s'il en parlait, il passerait pour un fou.

– Quelle est cette méthode? demanda-t-il enfin, presque effrayé par sa propre question.

– La stupidité.

Enoch en demeura bouche bée.

– La stupidité? Je ne comprends pas. Nous sommes

d'ores et déjà rudement stupides en plus d'un domaine!

– Vous pensez à la stupidité intellectuelle : je parle, quant à moi, de la déficience mentale. De l'incapacité de comprendre la science et la technique qui rendent possible le type de guerre que se feraient les Terriens. De l'incapacité de faire fonctionner les engins nécessaires à la conduite d'une telle guerre. Il s'agit de provoquer une régression mentale qui interdit aux gens d'assimiler les progrès mécaniques, technologiques et scientifiques qu'ils ont réalisés. Ceux qui savent oublient: Ceux qui ne savaient pas ne peuvent apprendre. C'est le retour à l'état de simplicité de l'âge de la roue et du levier. Alors, ce genre de guerre est impossible.

Enoch ne parvenait pas à articuler un son.

– Je vous ai dit que c'était un moyen radical.

– Je ne pourrais pas... Personne ne pourrait...

– Peut-être, mais considérez que si la guerre éclatait...

– Je sais. Si elle éclatait, ce serait peut-être encore pire. Mais cela n'empêcherait pas la guerre. Avec votre méthode, on se battrait encore, on se tuerait encore!

– Avec des massues. Peut-être avec des arcs et des flèches. Avec des fusils tant qu'il y aura des fusils – et des munitions. Et puis les gens ne sauraient plus comment fabriquer la poudre, comment se procurer le métal des balles. Ils ne sauraient même plus comment confectionner celles-ci. Il y aurait peut-être des batailles mais plus d'holocaustes. Les cités ne seraient pas vaporisées par des projectiles atomiques, on ne pourrait pas lancer de fusées intercontinentales. On ne saurait même pas ce que sont les fusées à tête nucléaire.

– Ce serait terrible.

– La guerre n'est-elle pas terrible?

– Mais cela durerait combien de temps? Nous n'aurions quand même pas à rester enlisés dans la stupidité éternellement?

– Cela durerait plusieurs générations; puis, progressivement, la situation se modifierait. Les gens émergeraient lentement de leur apathie et recommenceraient leur ascension intellectuelle. Une seconde chance leur serait offerte.

– Mais ils pourraient aussi se retrouver au bout de quelques générations dans la même situation qu'aujourd'hui?

– Ce n'est pas exclu.

– C'est une décision trop écrasante pour un homme seul...

– Je peux quand même vous donner un espoir : nous mettons cette méthode uniquement à la disposition des races qui nous paraissent mériter d'être sauvées.

– Il faut que vous m'accordiez du temps.

Mais Enoch savait que le temps pressait.

19

Un homme devenant soudain incapable d'accomplir sa besogne... Ceux qui l'entourent également. Parce qu'ils n'auront plus ni les connaissances ni l'expérience qui leur permettaient de remplir leur tâche. Ils essayeront, bien sûr, ils essayeront quelque temps – mais renonceront. Peut-être avant longtemps. Alors, parce qu'ils ne pourront plus faire leur travail, le bureau, la société, l'usine, l'entreprise qui les employait cessera ses activités. Il n'y aura pas une décision officielle, ce ne sera pas quelque chose de juridique. Le travail s'arrêtera, tout simplement. Et pas pour la seule raison que les gens ne sauront plus accomplir leur besogne, que l'on ne saura plus comment s'y prendre pour faire marcher une affaire : pour la raison, aussi, que les transports et les communications nécessaires à la vie économique seront interrompus.

Les locomotives ne rouleront plus, les avions ne voleront plus, les bateaux ne prendront plus la mer car personne ne saura plus les faire fonctionner. Les techniciens auront oublié leurs techniques. Certains s'entêteront, sans doute, ce qui aura des résultats tragiques. Vraisemblablement, quelques chauffeurs se rappelleront encore vaguement comment conduire une voiture, un autobus ou un camion car ce n'est pas difficile et la conduite automobile est quasiment une seconde nature. Mais lorsque les véhicules tomberont en panne, ce sera fini : il ne restera plus un seul mécanicien compétent pour les réparer.

En l'espace de quelques heures, la race humaine se trouvera engluée dans un monde où la distance aura à nouveau toute son importance. Un monde soudain plus vaste où les océans seront des barrières, où un kilomètre sera un long parcours. Au bout de quelques jours, la panique régnera, les hommes fuiront, frappés de désespoir en face d'un état de choses incompréhensible.

Combien de temps faudra-t-il pour que s'épuisent toutes les réserves alimentaires d'une ville et que la famine s'installe? s'interrogeait Enoch. Qu'adviendra-t-il quand l'électricité aura cessé de circuler dans les fils? Dans une telle situation, combien de temps un malheureux bout de papier symbolique, une pièce frappée d'une effigie conserveront-ils leur valeur?

Les circuits de distribution s'effondreront. Ce sera la mort du commerce et de l'industrie. Les pouvoirs publics, n'ayant plus ni les moyens ni l'intelligence requis pour exercer leur mission, ne seront plus qu'un fantôme. Ce sera la rupture des réseaux d'information. La loi et l'ordre se désintégreront. Et le monde sombrera dans la barbarie. Puis, progressivement, un processus de réajustement interviendra. Il exigera des années, des années placées sous le signe de la mort, de la peste, d'une indicible misère, du désespoir. En définitive, cela finira par s'arranger et la race des hommes repartira sur de nouvelles bases. Mais à quel prix! Pendant cette période de bouleversement, combien d'êtres mourront! Combien perdront tout ce qui était leur vie, tout ce qui donnait un sens à l'existence!

Ce sera terrible. Mais sera-ce aussi terrible qu'une guerre?

Beaucoup périront de froid, de faim, de maladie (car les médicaments auront disparu avec le reste) mais l'espèce échappera à l'annihilation nucléaire. Du ciel ne tomberont pas des poussières empoisonnées, les eaux demeureront pures et fraîches, le sol conservera sa fertilité. Une fois passée la phase initiale, la race aura encore une chance de survivre et de reconstruire la société.

Si seulement, songeait Enoch, si seulement on avait la certitude que la guerre était inéluctable, le choix ne serait peut-être pas difficile à faire. Mais il y avait toujours la possibilité que le conflit ne se déchaîne pas, qu'une paix fragile puisse se maintenir. Alors, il ne serait pas nécessaire de se résoudre à ce draconien traitement galactique. Pour prendre une décision, une certitude était indispensable. Mais comment être sûr? Selon le diagramme qu'Enoch avait établi, la guerre était fatale. Nombreux étaient les diplomates et les observateurs politiques qui croyaient que la conférence de paix imminente ne pouvait servir que de détonateur. Néanmoins, ce n'était pas une certitude absolue.

Et même si on l'avait, cette certitude, comment un homme pourrait-il, tout seul, accepter de jouer le rôle de Dieu pour ses semblables? De quel droit un homme seul pourrait-il prendre une décision affectant des milliards d'êtres? Et s'il la prenait, comment pourrait-il, ensuite, la justifier?

Un homme isolé était-il capable de mettre en balance le mal engendré par une guerre et le mal engendré par la stupidité universelle? Non. Il était impossible de mesurer par avance l'ampleur respective de ces deux désastres.

Avec du temps, on pourrait peut-être parvenir à faire un choix fondé en raison entre les deux termes de l'alternative. Avec un peu de temps, on pourrait peut-être se forger une conviction permettant d'arriver à une décision qui, même si elle n'était pas entièrement juste, serait compatible avec la clause de conscience.

Enoch alla se poster devant la fenêtre. Le bruit de ses pas éveillait des échos caverneux dans la station. Il regarda l'heure. Minuit passé...

Il y avait dans la galaxie des races capables de trancher vite et sans erreur sur la plupart des problèmes sans s'égarer dans les labyrinthes embrouillés des filières mentales, guidées qu'elles étaient par des règles logiques d'une précision inconnue de la race humaine. C'était, certes, une bonne chose dans la mesure où cela rendait les décisions possibles. Mais cette rigueur même ne risquerait-elle pas de minimiser, voire de faire oublier purement et simplement, tels ou tels aspects de la situation ayant encore plus d'importance aux yeux des Terriens que la décision finale elle-même?

La lune éclairait les champs qui s'étendaient jusqu'à la ligne sombre des bois. Les nuages s'étaient évanouis, la nuit était paisible. Cette région, pensait Enoch, serait toujours paisible car elle était loin des routes fréquentées, loin de tout objectif stratégique éventuel en cas de guerre atomique. Exception faite, peut-être, de quelque insignifiant conflit préhistorique depuis longtemps oublié et que les annales n'avaient pas enregistré, aucune bataille ne s'y était jamais livrée et aucune bataille n'y serait jamais livrée. Et pourtant, si le monde, soudain, déchaînait en une heure de furie fatale la puissance de son arsenal d'épouvante, ce coin de terre n'échapperait pas au sort commun. Son atmosphère, ses eaux seraient empoisonnées, les cendres radio-actives se mettraient à pleuvoir. Où que l'on ait trouvé abri, la guerre, tôt ou tard, viendrait vous débusquer. Sinon sous la forme d'un monstrueux embrasement d'énergie, du moins sous celle d'une neige de mort venue du ciel.

Enoch s'approcha du bureau et fit une pile des journaux arrivés au courrier du matin. Ulysse devait être rudement troublé pour les avoir oubliés en repartant! Dieu nous vienne en aide à tous les deux, soupira intérieurement Wallace. Nous avons chacun nos tracas.

Ç'avait été une journée chargée : Enoch avait à peine eu le temps de parcourir deux ou trois articles du *Times,* tous traitant de la conférence de paix qui allait se réunir. Oui, une journée trop chargée. Chargée de choses funestes...

Depuis cent ans, le calme régnait. Il avait connu de bons moments et d'autres qui l'étaient moins mais, dans l'ensemble, sa vie s'écoulait sereinement. Et, aujourd'hui, un siècle de sérénité s'était effondré d'un seul coup.

L'espoir que la Terre, un jour, serait admise comme membre à part entière de la société galactique, grâce, peut-être, aux bons offices d'Enoch lui-même, cet espoir était maintenant réduit en miettes. Pas seulement en raison de la fermeture de la station mais parce que cette fermeture même aurait pour prétexte l'état de barbarie de la race humaine. Certes, on ferait ainsi jouer à la planète un rôle de bouc émissaire dans le cadre de la politique galactique mais une fois qu'elle serait marquée au fer rouge, ce stigmate ne s'effacerait pas facilement. D'ailleurs, même s'il disparaissait, la

Terre subirait la cure radicale, la déchéance à laquelle le Central la condamnerait dans l'espoir de la sauver.

Que faire pour ne pas tout perdre? Enoch pouvait choisir de rester un Terrien et de livrer à ses semblables toutes les informations qu'il avait recueillies et soigneusement consignées au fil des années sur les pages de ses innombrables registres, de leur remettre toute la littérature extra-terrestre qu'il avait accumulée, les gadgets et les objets venus des étoiles. Le peuple de la Terre en tirerait quelque chose qui l'aiderait à progresser le long de la route au bout de laquelle était inscrite la conquête des astres. La route menant à une connaissance magnifiée qui serait l'héritage de la Terre – l'héritage, peut-être, et le droit légitime dévolus à l'intelligence, quelle que soit sa forme. Mais ce jour serait long à venir. Encore plus long après ce qui s'était passé aujourd'hui même. Et les informations qu'Enoch avaient si laborieusement réunies pendant près d'un siècle étaient bien dérisoires comparées à toutes celles qu'il pourrait acquérir dans les cent ans, dans les mille ans à venir. Quel piètre cadeau à offrir à ceux de sa race, en définitive...

Si seulement il y avait plus de temps! Mais, justement, c'était là une denrée qui faisait tragiquement défaut, qui ferait à jamais défaut.

Enoch s'assit lourdement dans son fauteuil et, pour la première fois, il se demanda comment il se débrouillerait – comment il ferait pour se retirer du Central, comment il parviendrait à troquer la galaxie contre une unique planète.

Il avait beau se creuser frénétiquement la cervelle, la question demeurait sans réponse.

Un homme seul...

Il était impossible à un homme seul de tenir tête à la fois à la Terre et à une galaxie.

20

Le soleil le réveilla et il resta un moment sans bouger à s'imbiber de sa chaleur. C'était bon et rassurant, c'était une caresse qui tenait en échec les inquiétudes et les questions. Mais celles-ci rôdaient, toutes proches, et Enoch referma les yeux. S'il dormait encore un peu, peut-être s'enfuiraient-elles et se réveillerait-il plus tard libéré...

Mais il n'y avait pas que ces questions angoissantes. Son cou et ses épaules étaient douloureux, son corps était curieusement ankylosé, l'oreiller était trop dur.

Il ouvrit derechef les paupières et voulut se redresser dans son lit.

Il n'était pas dans son lit. Il était dans son fauteuil, la tête appuyée sur le bureau. Et la bouche amère.

Il se mit lentement debout, s'étira pour assouplir ses muscles et ses articulations noués. Et les questions angoissées revinrent à la charge.

Tant bien que mal, il les repoussa et elles battirent en retraite sans cesser, pourtant, d'être présentes.

Il s'approcha du fourneau et se rappela qu'il avait laissé la cafetière sur la petite table, la veille. Elle était toujours au même endroit en compagnie des tasses sales et des gadgets qu'Ulysse avait repoussés pour faire de la place. La pyramide de sphères était posée de guingois mais les globes étincelants tournaient toujours d'un mouvement rétrograde les uns par rapport aux autres.

Enoch saisit la pyramide. Délicatement, il en explora le socle du bout des doigts à la recherche de quelque chose — un levier, une échancrure, une saillie, un bouton — qui permît de mettre le mécanisme en marche et de l'arrêter. Il ne trouva rien. Il aurait dû savoir qu'il n'y avait rien car ce n'était pas la première fois qu'il examinait l'objet. Or, hier, Lucy l'avait déclenché et les sphères tournoyaient toujours. Elles tournoyaient depuis douze heures, à présent, sans produire de résultats. De résultats appréciables, tout au moins.

Wallace reposa la pyramide et entreprit de débarrasser la table. Mais il ne quittait pas les sphères pivotantes des yeux.

C'est démentiel, se disait-il. Il n'y avait pas moyen de la faire fonctionner et Lucy l'avait fait fonctionner. Et, maintenant, il n'y avait pas moyen de l'arrêter.

Il alla mettre les tasses et la cafetière sur l'évier. La station était silencieuse. Un silence pesant, oppressant. Mais cette impression était probablement due à son imagination. L'écran de la machine à messages était opaque. Aucune communication n'était parvenue au cours de la nuit. D'ailleurs, la sonnerie aurait réveillé Enoch.

La station était-elle déjà abandonnée? Le trafic avait-il déjà été détourné? C'était difficilement croyable car la fermeture de ce relais eût impliqué celle de ceux qui se trouvaient au-delà de la Terre : le réseau de translation installé dans ce bras-ci de la galaxie ne comportait pas de raccourcis permettant le déroutage. En outre, il n'était pas inhabituel que des heures, voire des jours entiers, s'écoulent sans qu'il y ait de passages. Le trafic était irrégulier et imprévisible.

Je suis à bout de nerfs, se morigéna Enoch. S'ils avaient fermé la station, ils m'auraient prévenu. Au moins par courtoisie.

Il garnit la cafetière qu'il posa sur le feu, prit dans le réfrigérateur un paquet de céréales provenant des jungles du Dragon, hésita, et finalement, jeta son dévolu sur les deux derniers œufs de la douzaine que lui avait apportée Winslowe, le facteur, la semaine précédente. Ayant consulté sa montre, il constata qu'il avait dormi plus tard que d'habitude. C'était presque l'heure de sa promenade quotidienne.

Il fit fondre un morceau de beurre dans la poêle, cassa les œufs. Peut-être ferait-il aussi bien de renoncer à sa balade pour rattraper le temps perdu. Il n'avait pas lu la presse de la veille, il n'avait pas tenu son journal de bord et il importait de consigner en détail les récents événements. C'était une règle qu'il s'était imposée : ne jamais laisser passer un jour sans prendre de notes.

Son regard erra sur les registres alignés et une bouffée d'orgueil et de satisfaction envahit Enoch. C'était une œuvre exhaustive. Près d'un siècle transcrit au jour le jour sur ces pages!

C'était le legs que le monde hériterait, le droit d'entrée qu'il paierait pour retrouver sa place au sein de la race humaine. Tout ce qu'il avait vu, entendu, pensé pendant les quelque cent années où il avait été en rapport avec les peuples d'outre-Terre, les citoyens de la galaxie.

Comme Enoch était là à contempler les rayonnages, les questions dont il s'était détourné repartirent à l'assaut. Cette fois, l'esprit plus clair et le corps détendu, il ne les repoussa pas. Il ne les combattit pas. Il les accepta car il lui était impossible de les éluder.

Il fit glisser les œufs dans l'assiette, prit la cafetière et s'installa devant la table.

A nouveau, il jeta un coup d'œil à sa montre.

Il avait encore le temps de faire sa promenade quotidienne.

21

L'amateur de ginseng attendait à côté de la source.

A sa vue, Enoch se demanda avec une soudaine et

brève colère s'il n'était pas là pour lui annoncer que, en raison de difficultés imprévues, il n'était pas en mesure de procéder à la restitution de la dépouille du Lumineux. Et il se rappela avoir menacé Lewis de mort si celui-ci ne s'exécutait pas. Ce n'avait peut-être pas été très malin de sa part. Serait-il capable de tuer un homme? Certes, Enoch avait déjà tué. Mais il y avait bien longtemps et, en ce temps-là, le problème se posait en d'autres termes. Tuer ou être tué...

En un éclair, il revit les longues colonnes gravissant les pentes d'une colline à travers la fumée pour le tuer, lui et les défenseurs. C'était alors que la folie de la guerre lui était apparue.

Cette folie, la race humaine l'avait du plus profond de son histoire admise comme un principe et, aujourd'hui, ce qui était ainsi devenu principe était prêt à balayer, sinon l'espèce elle-même tout entière, du moins les choses matérielles aussi bien qu'immatérielles qui, à travers les siècles, péniblement, avaient été promues les symboles de l'humain.

Lewis se leva du tronc d'arbre sur lequel il était assis.

– Je vous attendais, dit-il à Enoch. J'espère que vous ne m'en voulez pas.

Enoch sauta par-dessus la source.

– Le corps sera là au début de la soirée, reprit l'autre. Un camion viendra l'apporter.

– C'est une nouvelle que je suis heureux d'apprendre.

– Washington m'a prié avec insistance de vous redemander à qui appartenait ce corps.

– Je vous répète que je ne puis rien vous dire. Je le regrette. Cela fait des années que je cherche un moyen de faire connaître la vérité mais il n'y en a aucun.

– Ce cadavre est celui d'un être étranger à la Terre. Nous en sommes sûrs.

– Vraiment...

Dans la bouche d'Enoch, ce n'était pas une question.

– Et cette maison est, elle aussi, étrangère à la Terre.

– C'est mon père qui l'a construire, répliqua laconiquement Wallace.

– Mais elle a changé. Elle n'était pas comme cela lorsqu'il l'a bâtie.

– Le temps change les choses.

– Oui, il change tout. Sauf vous.

– C'est donc cela qui vous tourmente, sourit Enoch. Vous trouvez que c'est... indécent?

Lewis secoua la tête.

– Non, pas indécent. A force de vous observer – et il y a des années que je vous surveille – j'ai fini par vous accepter, vous et tout le reste. Je ne comprends naturellement pas mais j'accepte. Par moments, je me dis que je suis fou mais cela ne dure qu'un instant. Je me suis efforcé de ne pas vous importuner, de ne toucher à rien. Et maintenant que nous avons fait connaissance, je suis content de m'en être tenu à cette ligne de conduite. Seulement, il y a quelque chose qui ne va pas. Nous nous comportons, vous et moi, comme si nous étions ennemis. Comme des chiens étrangers. C'est une erreur. Je crois que nous avons beaucoup en commun. Il se passe quelque chose et je ne veux rien faire qui puisse passer pour une ingérence.

– Pourtant, vous ne pouviez rien faire de plus catastrophique que de violer cette sépulture. Ce n'est pas seulement à moi que vous avez nui : c'est à la race humaine.

– Je ne comprends pas. Je suis navré mais je ne comprends pas. L'épitaphe gravée sur la pierre tombale...

– C'est de ma faute. Je n'aurais jamais dû rédiger cette inscription. Mais, sur le moment, j'ai pensé que cela s'imposait. Je ne supposais pas qu'on viendrait m'épier et...

– C'était un ami à vous?

– Un ami? Oh! C'est du mort que vous parlez? Eh bien, non, pas exactement. Pas cette personne en particulier.

– Maintenant que le mal est fait, je regrette.

– Les regrets ne servent à rien.

– Mais, en dehors de la restitution, n'y aurait-il pas quelque chose que je pourrais faire?

– Si. Peut-être. Il se peut que j'aie besoin d'aide.

– Je vous écoute. Si je...

– Il me faudrait un camion pour y charger un certain nombre de choses. Des archives, des documents...

– Cela ne présente pas de difficultés. Vous aurez votre camion et du personnel pour vous donner un coup de main.

– Il se peut aussi que je souhaite avoir un entretien avec une personnalité officielle. Quelqu'un qui soit revêtu d'une incontestable autorité. Le président, le secrétaire d'Etat ou le secrétaire général des Nations unies... Je ne sais pas encore. Il faut que je réfléchisse. Et il ne me suffira pas de parler à ce personnage : je dois avoir l'assurance qu'il m'écoutera.

– Un émetteur à ondes courtes sera mis à votre disposition. Je m'en occuperai.

– Encore une chose...

– Tout ce que vous voudrez. Que souhaitez-vous d'autre?

– L'oubli. Peut-être n'aurai-je besoin ni du camion ni du poste de radio. Peut-être déciderai-je que tout continuera comme par le passé. Dans ce cas, est-ce que vous pourrez, vous et toute personne intéressée, oublier ma requête?

– Sans doute. Mais je continuerai à vous surveiller.

– Je l'espère bien. Il n'est pas exclu que je sois par

la suite obligé de faire appel à votre assistance. Mais plus d'intervention de votre part, n'est-ce pas?

– Vous ne voulez rien d'autre? Vous en êtes certain?

– Rien. Le reste, je dois m'en charger moi-même.

N'ai-je pas déjà trop parlé? s'interrogeait Enoch. Pouvait-il faire confiance à cet homme? Pouvait-il faire confiance à quiconque?

Pourtant, s'il prenait la décision de rompre ses attaches avec le Central Galactique et de partager le sort de la Terre, il aurait besoin d'aide. Les extra-terrestres s'opposeraient peut-être à ce qu'il emporte ses archives et ses gadgets. Il faudrait agir vite.

Mais se résoudrait-il à quitter le Central? A renoncer à la galaxie? A repousser la proposition qui lui avait été faite de devenir le gardien d'une autre station sur une autre planète? A trancher tous les liens qui le rattachaient aux autres races et aux mystères des astres?

En tout cas, il avait pris les premières mesures – presque à brûle-pourpoint, sans y avoir sérieusement réfléchi – pour le cas où il opterait en faveur de la Terre.

– Il y aura quelqu'un devant la source, dit Lewis. Sinon moi-même, du moins un agent qui pourra prendre contact avec moi.

Enoch, perdu dans ses pensées, acquiesça distraitement.

– Cette personne vous verra chaque matin à l'heure de votre promenade. Vous pourrez également la toucher à tout moment si vous le désirez.

C'était comme une conspiration. Comme des gosses jouant aux gendarmes et aux voleurs...

– Il faut que je m'en aille. C'est bientôt l'heure du facteur. Wins se demanderait ce qui m'est arrivé.

Il se mit en marche en direction de la colline, étonné de la chaleur qui rayonnait en lui. C'était comme si le mal était réparé, comme s'il avait retrouvé quelque chose qu'il eût perdu.

22

Enoch rencontra le facteur à mi-chemin de la route menant à la station. La vieille guimbarde, lancée à pleine vitesse, cahotait sur les ornières envahies par les mauvaises herbes et les branches des buissons la fouettaient au passage.

A la vue de Wallace, Winslowe freina.

– Vous avez fait un détour ou avez-vous modifié votre itinéraire? lui demanda Enoch en s'approchant.

– Vous n'étiez pas devant la boîte aux lettres et il fallait que je vous voie.

– J'ai une lettre importante?

– Non, il ne s'agit pas du courrier. C'est à propos du vieux Fisher. Il paye des tournées générales à Melville, chez Eddie, le troquet, et il ouvre sa grande gueule.

– Il paye à boire? Ce n'est pas dans les habitudes d'Hank.

– Il raconte à qui veut bien l'entendre que vous avez kidnappé Lucy.

– C'est faux. Il lui a donné des coups de fouet et j'ai mis Lucy à l'abri jusqu'à ce qu'il soit calmé.

– Vous n'auriez pas dû faire ça, Enoch.

– Peut-être. Mais Hank se préparait à recommencer.

– Il s'apprête à vous chercher des crosses.

– Il me l'avait annoncé.

– D'après lui, vous auriez kidnappé Lucy. Puis pris de peur, vous l'avez relâchée. Il dit qu'elle était cachée chez vous, qu'il a essayé d'entrer de force mais n'a pas pu. Votre maison serait une drôle de maison à l'en croire. Il paraît qu'il a cassé une hache en cognant sur une fenêtre.

– Ce sont des imaginations.

— Jusqu'à présent, il n'y a rien de cassé. Pas un seul type dans son bon sens ne fera quoi que ce soit en plein jour. Mais, quand il fera nuit, ils seront pleins comme des grives et ne seront plus dans leur bon sens. Vous risquez de recevoir de la visite.

— Je suppose qu'il clame sur tous les tons que je suis possédé du démon.

— Cela et pire encore. Je suis resté un moment à écouter.

Wins fouilla dans sa sacoche et en sortit une liasse d'imprimés qu'il tendit à son interlocuteur.

— Il faut que je vous dise quelque chose, Enoch. Vous ne vous en rendez peut-être pas compte mais il serait facile de monter les gens contre vous. A cause de votre façon de vivre. Et tout le reste. Vous êtes un homme étrange. Moi, je vous connais et je sais bien que vous êtes un brave garçon mais des gars qui ne vous connaissent pas pourraient aisément se faire des idées erronées. Jusqu'ici, on vous a laissé tranquille parce qu'il n'y avait aucune raison de vous chercher des histoires. Mais si Hank monte la tête des gens...

Il laissa sa phrase en suspens.

— Vous pensez à une expédition punitive?

Wins acquiesça en silence.

— Merci. Je vous suis reconnaissant de m'avoir prévenu.

— C'est vrai que personne ne peut pénétrer dans votre maison?

— En effet. On ne peut ni s'y introduire par effraction ni y mettre le feu. Rien à faire.

— Eh bien, si j'étais vous, je m'enfermerais, ce soir. Je ne m'aventurerais pas au-dehors.

— Voilà une suggestion qui me paraît judicieuse.

— Bon... c'est tout ce que j'avais à vous dire. Maintenant, je m'en vais.

La voiture repartit lentement en marche arrière car

le chemin était trop étroit pour une manœuvre. Enoch leva solennellement le bras avant que le véhicule eût disparu derrière le tournant. Wins répondit par le même geste à son salut.

Alors, Wallace fit demi-tour et regagna la station à pas lents.

Une expédition punitive, bon Dieu!

Une troupe d'agités hurlants, frappant portes et fenêtres à coups redoublés, tirant des coups de feu... Cela anéantirerait la dernière chance si ténue qu'elle fût – et si elle existait encore – d'empêcher la fermeture de la station. Une telle démonstration apporterait de l'eau au moulin de la faction qui exigeait que soit mis fin à l'expansion dans ce secteur de la galaxie.

Et non seulement cette démonstration scellerait définitivement le sort de la base mais encore cela obligerait Enoch à accepter l'offre du Central lui proposant la gestion d'une autre station. Il n'aurait plus le choix. Il lui serait impossible de rester sur la Terre, même s'il le souhaitait. Qui sait, d'ailleurs, se demanda-t-il en tressaillant, si le Central ne retirerait pas son offre? Si une populace assoiffée de sang faisait irruption, lui-même tomberait sous le coup de l'accusation de barbarie dirigée maintenant contre la race humaine dans son ensemble.

Il aurait peut-être intérêt à prendre immédiatement contact avec Lewis afin de voir avec lui si l'on pouvait prendre des mesures pour s'opposer à l'expédition. Mais il faudrait qu'il donne des explications et il risquait d'être trop bavard. Et puis, il n'était nullement certain que l'expédition ait lieu. Personne n'attachait beaucoup de crédit au verbiage d'Hank.

Non, il se claquemurerait à l'intérieur de la station en espérant que les choses s'arrangeraient. Il n'y aurait peut-être pas de voyageurs au moment où la foule se présenterait – si elle se présentait – et le Central resterait dans l'ignorance de l'incident. Avec un peu de chance, tout irait bien.

Enoch franchit la porte brisée donnant sur la cour et fit halte pour regarder la maison, essayant de la revoir telle qu'elle était dans son enfance. Elle n'avait pas bougé sauf qu'il n'y avait plus, comme autrefois, de rideaux de dentelles aux fenêtres. Mais une végétation touffue avait envahi le jardin, une épaisse couche de mousse recouvrait les montants de pierre de la grille et, là-bas, du côté des champs, l'érosion avait fait son œuvre, dénudant le versant de la colline.

Ces changements, Enoch les avait à peine remarqués jusqu'à présent et il se demandait pourquoi il en prenait ainsi brusquement conscience? Etait-ce parce qu'il envisageait de se détourner des étoiles pour redevenir vraiment un homme attaché à la Terre?

Le vent froid qui paraissait souffler de quelque dimension irréelle ignorée le fit frissonner. Mais quelle espèce d'homme était-il, en définitive? C'était la première fois que cette question lui traversait l'esprit. Un homme hanté, condamné à n'être ni tout à fait étranger ni tout à fait humain, un homme divisé, écartelé entre deux loyalismes contradictoires? Un hybride culturel qui ne comprenait ni la Terre ni les astres, débiteur de l'une comme des autres mais ne payant ses dettes à personne? Un errant sans feu ni lieu incapable de savoir où était le bien et où était le mal pour avoir connu trop de définitions (d'ailleurs logiques) et du bien et du mal?

Il reprit sa marche, harcelé par toutes les questions sans réponses qui l'assaillaient. Non, ce n'était pas vrai : elles n'étaient pas sans réponses. Les réponses, il y en avait trop!

Peut-être que Mary, David et les autres viendraient lui rendre visite cette nuit et qu'il pourrait parler de tout cela avec eux. Puis, la mémoire lui revint.

Ils ne viendraient pas. Ni Mary, ni David, ni les autres. Ils ne viendraient plus jamais car l'envoûtement avait cessé d'être opérant, l'illusion était fracassée et Enoch était seul.

Comme il l'avait toujours été, songea-t-il avec amertume. Il ne s'était jamais agi que d'un mirage dépourvu de toute réalité. Des années durant, il s'était leurré lui-même volontairement en peuplant sa solitude d'êtres nés de son imagination grâce à une technique étrangère à la Terre. Parce qu'il avait soif de voir et d'entendre des créatures humaines, il avait invoqué ces créatures qui trompaient tous les sens, sauf le toucher. Des demi-êtres, de pitoyables créatures incomplètes qui n'appartenaient ni au domaine des ombres ni à ce bas monde. Trop humaines pour être des ombres et trop spectrales pour être de la Terre.

Mary, si j'avais su... si j'avais su, je n'aurais jamais commencé. Je serais resté avec ma solitude.

A présent, l'irréparable était accompli. On ne pouvait pas revenir en arrière.

Qu'est-ce que j'ai? se demandait-il. Que m'est-il arrivé? Que faire? Il ne parvenait plus à réfléchir de façon cohérente. Il fallait qu'il s'enferme dans la station pour échapper au lynchage – et il ne le pouvait pas car Lewis viendrait rapporter la dépouille du Lumineux peut après la nuit tombée.

Et si les excités surgissaient au même moment, ce serait la catastrophe.

Que faire? Que faire? Prévenir Lewis du danger? En ce cas, il ne ramènerait pas le cadavre et il importait que celui-ci eût réintégré sa tombe avant le jour.

Il fallait prendre le risque.

Peut-être l'expédition n'aurait-elle pas lieu. Et si elle avait lieu, Enoch devrait trouver le moyen de rétablir la situation.

Il était indispensable d'imaginer un moyen.

23

Il régnait à l'intérieur de la station le même silence que lorsqu'il l'avait quittée. Aucun message n'était arrivé et la machine ne bourdonnait même pas comme elle le faisait parfois. Il posa son fusil sur le bureau, ôta sa veste qu'il accrocha au dossier d'une chaise et fourgonna dans le tas de revues et d'imprimés.

Il fallait qu'il lise ceux d'aujourd'hui et ceux d'hier, il fallait qu'il mette son journal de bord à jour, et cela prendrait du temps. Il faudrait un bon nombre de pages, même en écrivant serré, pour noter dans un ordre à la fois logique et chronologique les tout derniers événements, ses propres réactions et ses commentaires. C'était ainsi qu'il avait toujours procédé et c'était à cette tâche qu'il devait maintenant s'atteler. Et s'il avait pu jusqu'ici se livrer à cette besogne de scribe, c'était parce qu'il s'était façonné une sorte de petite enclave personnelle en marge et de la galaxie et de la Terre, à l'intérieur de laquelle il travaillait tel un moine dans sa cellule. Il n'était qu'un observateur, un observateur passionné, certes, s'efforçant d'approfondir les choses dont il témoignait, mais fondamentalement, essentiellement un observateur extérieur à l'objet d'observation. Or, depuis deux jours, il avait cessé d'en être un. La galaxie et la Terre avaient fait irruption dans son domaine réservé, démantelé son enclave : à présent, Enoch était un participant.

Il alla jusqu'au rayonnage et prit le registre en cours qu'il feuilleta. Il ne restait plus que quelques pages blanches. Il n'y en aurait sans doute pas assez pour coucher par écrit tout ce qu'il avait l'intention de noter et il lui faudrait probablement commencer un nouveau cahier.

Mais à quoi bon prendre cette peine? La station allait être close et, qu'il reste ou qu'il émigre sur une autre planète pour y être affecté à une autre station, la Terre serait perdue pour lui. Il referma le registre avec colère et le remit à sa place.

Lui aussi, il était perdu. Furieux. En plein désarroi. Furieux contre le destin (mais cela existait-il, le destin?) et furieux d'être confronté à tant de stupidité. Pas seulement la stupidité intellectuelle de la Terre mais aussi de celle de la galaxie. Furieux à cause de toutes ces mesquines chicanes qui faisaient obstacle à l'avènement de la fraternité des peuples, de ces querelles dérisoires qui avaient fini par gagner ce bras galactique. Il en allait de la Galaxie comme de la Terre : l'abondance et la complexité des gadgets, la noblesse de la pensée, le savoir et l'érudition pouvaient édifier une culture, pas une civilisation. La vraie civilisation, ce devait être quelque chose d'infiniment plus subtil que le gadget ou l'intellectualisme.

Enoch était en proie à une tension qui exigeait qu'il se dépense, qu'il s'agite. Faire les cent pas dans la station comme un ours en cage, se ruer au-dehors et pousser des cris inarticulés jusqu'à ce qu'il soit à bout de souffle, casser n'importe quoi pour donner une issue à sa rage et à sa frustration...

Il empoigna son fusil, ouvrit le tiroir où il gardait ses munitions, s'empara d'une boîte de cartouches qu'il ouvrit et dont il fourra le contenu dans ses poches.

Le silence qui enveloppait la pièce semblait hurler. C'était un silence lugubre et glacé.

Il est puéril, se dit-il, de détourner sa colère et son ressentiment contre quelque chose d'irréel. D'autant que la colère et le ressentiment étaient sans objet. La tournure prise par les événements devait être acceptée telle qu'elle était.

Il balaya la pièce du regard. Le silence était un

silence d'attente comme si quelque chose était sur le point de se produire, naturellement porté par le flux du temps.

Enoch laissa échapper un léger rire et étreignit plus fortement son arme. Irréel ou pas, cela lui occuperait l'esprit, lui permettrait de s'évader de cette mer de problèmes qui le ballottait dans ses tourbillons.

Et il avait besoin d'une séance d'entraînement. Il y avait dix jours et plus qu'il ne s'était pas exercé au stand de tir.

La cave était immense. Elle s'enfonçait très loin au-delà des lampes que l'homme avait allumées, en une enfilade de galeries et de salles taillées à même le soubassement rocheux de la colline.

Là se trouvaient les énormes réservoirs remplis de solutions variées servant aux voyageurs auxquels un milieu liquide était indispensable, des pompes, des générateurs fonctionnant sur des principes qui n'avaient rien à voir avec ceux présidant, sur Terre, à la production de l'énergie électrique, et, profondément enfouies sous le sol même du souterrain, de gigantesques citernes pleines d'acides où flottait une matière à consistance gélatineuse – tout ce qui subsistait des créatures qui avaient transité par la station et avaient poursuivi leur randonnée, laissant derrière elles un corps désormais inutile voué à la destruction.

Enoch dépassa la section des réservoirs et des générateurs; il atteignit une galerie qui plongeait dans les ténèbres. Il appliqua sa paume sur le panneau qui commandait les lumières et s'engagea dans le long couloir dont les parois étaient occupées par des rayons de métal, où s'accumulaient les innombrables présents offerts par les usagers de la base. Il y avait là, du plancher au plafond, des piles d'objets venus des quatre coins de la galaxie. Un inimaginable bazar. Et pourtant, c'était autre chose qu'une vague camelote. Tous ces objets avaient leur raison d'être, utilitaire ou esthétique. Oui... mais comment savoir laquelle?

Vers l'extrémité de la galerie, tout ce bric-à-brac était rangé de façon plus méthodique et avec plus de soin; chaque article, ici, était muni d'une étiquette portant en référence un numéro d'inventaire et une date correspondant aux journaux de bord. C'étaient les instruments dont Enoch connaissait la fonction et, en certains cas, le principe de fonctionnement. Les uns étaient fort innocents; d'autres représentaient une grande valeur potentielle. Plusieurs n'avaient, pour le moment, aucun rapport avec le mode de vie des humains et quelques-uns, dont l'étiquette était rédigée à l'encre rouge, vous faisaient frémir de terreur.

Enoch continuait d'avancer en ces lieux hantés de fantômes étrangers et le bruit de ses pas éveillait des échos caverneux.

Enfin, la galerie s'élargit et Wallace se trouva dans une chambre de forme ovale. Les murs en étaient tapissés d'une épaisse matière grisâtre où les balles s'enfonçaient sans ricocher.

Il s'approcha d'une niche, manœuvra la commande qui y était logée et revint vivement au milieu de la salle.

Lentement, la lumière baissa. La salle cessa d'être une salle. Elle devint un autre lieu. Un lieu où Enoch n'avait jamais mis les pieds.

Il se trouvait au sommet d'une petite éminence. Devant ses yeux, le sol s'abaissait jusqu'à une rivière léthargique en bordure d'un marais. Entre ces marais et le pied de la butte ondulait une prairie de hautes herbes rugueuses. Pourtant, il n'y avait pas de vent. Enoch savait que ce frémissement avait pour cause la cavalcade des herbivores cachés sous ce tapis végétal. Des grognements féroces montaient de l'herbe comme si des milliers de verrats en colère s'y ébattaient. Puis, très loin, du côté de la rivière peut-être, monta un hurlement sourd et monotone, rauque et emprunt de lassitude.

Enoch sentit ses cheveux se hérisser sur son crâne et il assura son fusil, prêt à faire feu. C'était un phénomène étrange : il flairait le danger. Il le sentait. Et pourtant, il n'existait pas le moindre danger. Cela n'empêchait pas que l'on avait l'impression que l'air était comme imprégné de péril, comme d'une sorte de brouillard humide et lourd de miasmes.

Enoch fit volte-face. Derrière lui, tout proches, des bois épais et serrés escaladaient les collines, limitant la mer d'herbes qui entourait le promontoire au faîte duquel il se tenait. Au-delà de ces collines se dressait une chaîne de montagnes qui semblaient se confondre avec le ciel. Des pics violets sans la moindre trace de neige.

Deux formes émergèrent des bois à une allure trottinante et s'immobilisèrent à la limite de la prairie, deux petites créatures qui s'assirent sur leur arrière-train, souriant à l'homme, la queue lovée autour des pattes. Ç'aurait pu être des loups ou des chiens mais ce n'étaient ni des loups ni des chiens. Ces bêtes ne ressemblaient à rien de connu. Leur pelage étincelait telle une moire sous les feux affadis du couchant, comme s'il était huileux. Mais leur mufle et leur crâne étaient imberbes. On aurait dit des vieillards démoniaques déguisés en loups pour le carnaval et qui auraient seulement ôté leur masque. Mais ce n'était pas un travesti : la longue langue rouge qui sortait de leur gueule et dont l'éclat tranchait sur leur museau de craie le disait éloquemment.

Les bois étaient silencieux. Il n'y avait rien d'autre que les deux bêtes efflanquées et leur surprenant sourire édenté.

Le bois était sombre et touffu, d'un vert si foncé qu'il

paraissait noir. Les feuilles brillaient comme si elles avaient été polies.

Enoch se tourna à nouveau du côté de la rivière. Tapis le long de la berge, s'alignait une théorie de monstres évoquant des crapauds; ils avaient près d'un mètre de long et deux mètres de haut; leur corps était blême, couleur de poisson mort, et ils avaient un œil unique (cela, du moins, ressemblait à un œil), un œil immense occupant presque toute la surface correspondant au front, un œil à facettes qui brillait comme celui d'un chat pris dans un faisceau de lumière.

On entendait toujours les mêmes grondements rauques et, quand ils faiblissaient, on percevait un vrombissement rageur comme si un moustique géant tournoyait quelque part, prêt à l'attaque.

Enoch leva la tête. Il aperçut au plus profond du ciel une rangée de points sombres, si haut qu'il était impossible de deviner ce que cela pouvait être. Du coin de l'œil il vit quelque chose bouger et fit face à la forêt.

En silence, les créatures à tête de mort qui ressemblaient à des loups se ruaient à l'assaut de la colline.

Elles ne donnaient pas l'impression de courir. Leur mouvement était plutôt celui d'un projectile éjecté d'une sarbacane.

Enoch épaula. Le fusil n'était plus que le prolongement de son corps. La mire obstrua la gueule pâle de l'animal de tête. Le canon tressauta quand Enoch appuya sur la détente. Sans attendre pour vérifier s'il avait fait mouche, Wallace visa le second lupoïde tout en actionnant l'éjecteur. Il y eut une nouvelle détonation. La bête eut un sursaut, glissa en avant, soudain flasque, dégringola le long de la pente.

Enoch réarma. La douille vide jaillit comme un éclair d'or et l'homme fit demi-tour.

Les pseudo-crapauds s'étaient rapprochés. Ils s'immobilisèrent quand Enoch leur fit face, le contemplant stupidement.

Wallace plongea la main dans sa poche et en sortit deux cartouches neuves qu'il glissa dans le magasin.

Les grognements s'étaient tus, du côté de la rivière, mais à présent, Enoch entendait un glapissement qu'il ne parvenait pas à localiser. Cela semblait venir des bois. Il jeta prudemment un coup d'œil derrière lui mais rien ne remuait.

En même temps, le vrombissement s'intensifiait. Là-haut, les points noirs qu'il avait remarqués avaient grossi et ils n'étaient plus alignés comme précédemment. Ils formaient à présent un cercle qui semblait descendre en spirale mais ils étaient encore trop loin pour qu'on pût les identifier.

Entre-temps, les crapauds rampants s'étaient encore rapprochés de la butte.

Enoch tira, le fusil à la hanche. L'œil du monstre le plus proche explosa. Le crapaud ne bougea pas. Simplement, il s'aplatit contre le sol, comme écrasé, avec un grand trou au milieu de la tête, plein d'un liquide jaune et visqueux. Sans doute son sang.

Les autres reculèrent prudemment jusqu'à la limite de l'herbe.

Le glapissement était plus bruyant, à présent, et le vrombissement plus net. Il n'y avait plus de doute à avoir : l'appel venait des collines.

Enoch pivota sur lui-même. Il vit en l'air une sorte de ballon sphérique qui, émettant un vagissement lugubre, dévalait la pente en bondissant sur quatre pattes rigides et fusiformes au-dessus du niveau des arbres. Chaque fois que la créature faisait un pas, Enoch entendait un fracas de branches brisées et de troncs éclatés.

Il sentit un frémissement lui parcourir l'échine et ses cheveux se dresser sur sa nuque. Mais comme il se tenait ainsi, presque pétrifié d'effroi, une partie de son cerveau se rappelait qu'il avait brûlé une cartouche. Il se fouilla pour extraire de sa poche une nouvelle balle.

Le vrombissement était très intense, maintenant, et sa modulation s'était modifiée. Cela s'approchait à une vitesse terrifiante.

Enoch leva la tête. Les taches noires avaient rompu leur formation : l'une derrière l'autre, elles étaient en train de piquer sur lui.

Le ballon vagissant, monté sur échasses, fonçait toujours dans sa direction mais les taches noires allaient plus vite : elles atteindraient la butte les premières.

Il leva son arme et attendit. Ce n'étaient plus des points abstraits mais des corps hideux au profil aérodynamique munis d'un immense éperon – une sorte de bec, car c'étaient sans doute des oiseaux. Plus gros, plus effilés, plus pernicieux qu'aucun oiseau terrestre.

Le vrombissement était à présent un hurlement de plus en plus strident, à faire grincer les dents, soutenu en contrepoint, comme par un métronome, par le piaulement sourd de la sphère sombre qui descendait des collines.

Sans même avoir conscience de se mouvoir, Enoch avait épaulé et il attendait que le premier des assaillants soit à sa portée pour faire feu.

Ils dégringolaient comme des pierres. Wallace n'avait pas imaginé qu'ils étaient si démesurés. Immenses flèches, ils fonçaient sur lui.

La crosse meurtrit l'épaule de l'homme. Le premier des oiseaux parut se recroqueviller, se replier sur lui-même. Il ne contrôlait plus sa trajectoire. Enoch manœuvra la culasse, tira une deuxième fois. Un second volatile perdit son assiette. Ejection... Feu... Ce fut le tour du troisième qui chut mortellement, comme une feuille déchiquetée, dans la rivière.

Les autres, renonçant à attaquer, firent demi-tour et s'élancèrent dans les profondeurs du ciel, fouettant rageusement l'air de leurs ailes colossales, semblables à des ailes de moulin.

Une ombre s'abattit sur la butte et une sorte de majestueux pilier surgit du ciel, martelant le sol qui en tremblait. Un geyser jaillit de la rivière.

Le vagissement effaçait tout autre son. La gigantesque sphère supportée par ses quatre interminables échasses se ruait sur Enoch qui eut la vision du visage de la chose, si l'on pouvait donner le nom de visage à ce masque où le grotesque le disputait à l'immonde : un bec, une bouche suçeuse et une douzaine d'organes qui étaient peut-être des yeux.

Les pattes étaient en forme de V inversé. La sphère était le corps de la créature qui pouvait observer tout le territoire qu'elle dominait du haut de son perchoir. Les articulations de ses échasses lui permettaient de se baisser pour s'emparer de ses proies.

Le choc causé par le recul de l'arme donna conscience à Enoch qu'il avait tiré. Il avait l'impression qu'une partie de lui-même se tenait à l'écart et regardait le fusil cracher son tonnerre – comme si le personnage qui tirait était quelqu'un d'autre.

Des fragments de chair fusèrent du globe sombre en même temps qu'un liquide qui se mua aussitôt en une sorte de brouillard d'où pleuvaient des gouttelettes fuligineuses.

Le percurteur claqua avec un bruit sec. Le chargeur était vide mais Enoch n'avait pas besoin de faire feu à nouveau.

Les pattes sans fin se repliaient en tremblant. Le corps du monstre, tout chiffonné, était agité de frémissements convulsifs. Le vagissement s'était tu et Enoch entendait distinctement les gouttes couleur d'encre s'écraser dans l'herbe.

Une odeur écœurante emplissait l'atmosphère. Le liquide était visqueux et gras comme de l'huile. La créature de cauchemar mordit la poussière – et brusquement le paysage disparut.

Enoch était de retour dans la salle ovale qu'éclairait une lumière douce. L'air sentait la poudre. Le sol était jonché de douilles brillantes.

La séance de tir était terminée.

Enoch baissa son arme et laissa lentement, précautionneusement, échapper un profond soupir. C'était toujours sa réaction. Comme s'il lui était nécessaire de ménager une transition en regagnant l'univers réel.

Quand il mettait le contact, il savait que les événements qu'il déclenchait ainsi, quels qu'ils puissent être, n'étaient qu'illusion. Et, quand c'était fini, il savait qu'il avait été le jouet d'une illusion. Mais, sur le moment, cela n'avait rien d'illusoire. C'était aussi réel, aussi tangible que si c'était vrai.

Quand ils avaient construit la station, les extra-terrestres lui avaient demandé s'il avait un violon d'Ingres : ils étaient prêts à lui fournir son divertissement favori. Enoch avait répondu qu'il aimerait disposer d'un stand de tir. Il n'escomptait rien de plus que des pipes en terre et des pigeons d'argile. Mais, évidemment, cela aurait été trop simple pour les ingénieurs galactiques qui édifiaient la station!

Au début, ils n'avaient pas très bien compris ce qu'il voulait dire avec son stand de tir. Il avait fallu qu'il leur expliquât le fonctionnement du fusil et à quoi pouvait servir une telle arme. Il leur avait parlé des écureuils qu'il chassait à l'automne, des lapins qu'il faisait sortir de leurs cachettes quand arrivaient les premières neiges; des ratons laveurs, des daims. Mais il s'était bien gardé de leur dire quel autre usage il avait fait de son fusil pendant quatre longues années de guerre. Il leur avait parlé de son vieux rêve de jeunesse... un safari en Afrique, tout en sachant fort bien que ce rêve restait irréalisable.

Mais, depuis, il avait chassé des fauves infiniment plus étranges que ceux qu'un explorateur peut se vanter d'avoir jamais traqués (il lui était même arrivé parfois d'être à son tour poursuivi par ses proies).

A quels modèles s'étaient référés les auteurs des bandes enregistrées – à supposer qu'ils n'eussent pas fait appel à la seule imagination? Enoch n'en avait pas la moindre idée. Il avait utilisé des milliers de fois son stand de tir : cependant, il n'avait jamais vu deux fois la même bête ni le même décor. Il se pouvait bien sûr que la bande se terminât un jour et se déroulât à nouveau depuis le début. Cela n'aurait guère d'importance car il aurait largement eu le temps d'oublier les innombrables détails des aventures qu'il avait vécues depuis tant d'années.

Enoch ne comprenait ni les techniques ni le principe qui se trouvaient à la base de ce fantastique stand de tir. Comme tant d'autres choses, il les admettait sans poser de questions. Un jour, peut-être, il découvrirait quelque indice lui permettant enfin d'appréhender intellectuellement ce que, pour le moment, il acceptait les yeux fermés. Et pas seulement en ce qui concernait le stand. Il y avait d'autres réalisations tout aussi prodigieuses.

Il se demandait souvent ce que les Galactiques pouvaient bien penser de la fascination que la chasse exerçait sur lui, de cette force primordiale qui pousse l'homme à tuer, moins pour le plaisir de tuer que pour nier le danger, pour se mesurer avec un adversaire que l'on domine par une habileté et une ruse supérieures. Ce goût avait-il inquiété ceux qui cherchaient à cerner le visage de l'Homme? Une intelligence non humaine était-elle capable d'établir une ligne de démarcation entre le massacre d'espèces étrangères et le meurtre des membres de votre propre espèce? Existait-il une différence logiquement acceptable entre le sport de la chasse et le sport de la guerre? Pour un extra-terrestre, la nuance était peut-être malaisée à définir car, en bien des cas, la proie était plus proche, par sa morphologie et ses caractères, du chasseur humain que beaucoup de non-humains.

La guerre était-elle une impulsion instinctive dont le commun des mortels était tout autant responsable que les politiciens et les soi-disant hommes d'Etat? Ce n'était pas possible! Et pourtant, chaque homme avait au plus profond de son être l'instinct du combat, un réflexe d'agressivité, un sens surprenant de la rivalité – autant de facteurs qui, si l'on allait jusqu'au bout de leurs conséquences logiques, se traduisaient inévitablement par une situation de conflit d'un type ou d'un autre.

Enoch glissa son fusil sous le bras et s'approcha du tableau de commande. Un ruban rigide émergeait de la fente du distributeur. Il l'arracha et examina les signes qui s'y étaient inscrits.

Il ne s'était pas tellement bien débrouillé. Il avait manqué le premier lupoïde et, quelque part dans un faux-semblant d'univers, la meute était en train de se presser en grondant autour de la bouillie de chairs lacérées et d'os concassés qui avait tué Enoch Wallace.

24

Enoch parcourut en sens inverse la galerie où s'empilait tout le fatras d'objets qui, s'il s'était agi d'un établissement humain, s'entasserait au fond d'un grenier poussiéreux.

A nouveau, sa pensée revint sur le bout de ruban où était porté le résultat de son tir. Cela le chiffonnait. Il avait fait mouche à tous les coups, sauf la première fois. Il lui arrivait rarement de manquer sa cible. Et il avait l'entraînement qu'exigeait ce type particulier de tir – être toujours prêt, s'attendre toujours à l'imprévisible, tuer ou être tué. Peut-être, ces derniers temps, n'avait-il pas été aussi assidu qu'il l'aurait dû. Quoiqu'il n'eût en réalité aucune raison d'être assidu. Ces séances de tir n'étaient qu'une récréation et s'il prenait son fusil quand il partait faire sa promenade quotidienne, c'était simplement par habitude. Il le prenait comme d'autres prenaient leur canne. Dans le temps, naturellement, c'était un autre fusil et, à l'époque, on ne s'étonnait pas de croiser un homme armé. Mais aujourd'hui, il en allait différemment et, souriant dans son for intérieur, Enoch songea à la multitude de commérages que son fusil avait dû susciter.

Le gros coffre noir, poussé contre le mur, dépassait d'une trentaine de centimètres l'alignement des rayons près de l'extrémité de la galerie. Enoch revint brusquement sur ses pas.

Le coffre... le coffre qui avait appartenu au vieux Lumineux qu'il avait vu mourir. Le legs de l'être dont le cadavre volé serait restitué dans la nuit.

Enoch posa son fusil contre le mur et tira le coffre à lui.

Avant de le ranger, il avait jeté un coup d'œil sur son contenu mais, à cette époque, il n'y avait pas attaché beaucoup d'intérêt. Mais, aujourd'hui, c'était avec passion qu'il se demandait ce que pouvait bien recéler la boîte noire.

Il en souleva précautionneusement le couvercle et, accroupi, sans toucher à rien, il essaya d'inventorier les objets du dessus.

Il y avait une cape scintillante pliée avec soin (un vêtement de cérémonie, peut-être?) sur laquelle était disposé un minuscule flacon qui dardait des reflets aveuglants, à croire que c'était un énorme diamant évidé en forme de bouteille. A côté, se trouvait un agglomérat de balles violet foncé, absolument ternes, qui ressemblaient ni plus ni moins à de vulgaires balles de tennis qu'on aurait collées pour édifier une sphère. Mais ce n'était qu'une impression : Enoch se rappelait que, la première fois où il avait vu cette construction, il avait essayé de prendre ces petites boules en main; elles n'étaient pas collées. Elles étaient mobiles au sein de la structure quoiqu'il fût impossible de les en détacher. On pouvait en déplacer une, on pouvait les déplacer toutes, mais la masse globale, elle, était intangible.

Etait-ce une sorte de machine à calculer? Peu plausible, puisque chaque boule était en tout point semblable à sa voisine sans qu'il existât aucun moyen de la distinguer de ses sœurs. Pour un œil humain, tout au moins. Celui d'un Lumineux était-il capable de les individualiser? Et s'il s'agissait effectivement d'un calculateur, quelle en était la nature? Mathématique? Ethique? Ou philosophique? Pourquoi ne serait-ce pas un jeu? Une sorte de jeu de solitaire?

Avec du temps, on devrait pouvoir résoudre l'énigme. Mais le temps faisait précisément défaut et Enoch n'avait aucune raison pour se pencher sur cet objet en particulier alors qu'il y en avait des centaines d'autres, tout aussi fantastiques et non moins incompréhensibles, dans ses vastes collections. Car, quand il s'absorbait sur tel ou tel article, quelque chose au fond de son esprit le lancinait : et si c'était sur le plus insignifiant de tous que tu t'acharnes stérilement? se disait-il alors.

Je suis victime de la fatigue des musées, songea Enoch, consterné à l'idée de tout ce que la galerie recélait d'inconnaissable.

Il tendit la main, non pas vers les boules, mais vers le flacon. Quand il l'eût approché de ses yeux, il remarqua une inscription gravée sur la surface du verre – ou du diamant. Sans hâte, il étudia les symboles.

Il y avait eu une époque – bien lointaine! – où il était capable, sinon de lire couramment le végien, du moins de comprendre à peu près le sens d'un texte. Mais il avait abandonné depuis quelques années ses exercices de lecture et il était sérieusement rouillé. Péniblement, il s'efforça de déchiffrer les signes les uns après les autres. Librement traduit, le texte était le suivant : *A prendre dès l'apparition des premiers symptômes.*

Une bouteille de médicament! A prendre dès l'apparition des premiers symptômes... Ces symptômes s'étaient peut-être manifestés et développés avec tant de rapidité que celui à qui appartenait ce flacon n'avait pas eu le temps de l'utiliser. Et il était mort. Là-haut. Sur le canapé.

Enoch, d'un geste qu'on eût dit empreint de respect, reposa le flacon là où il l'avait pris, juste dans le léger creux qui déprimait la cape.

Par certains côtés, songeait-il, ils sont tellement différents de nous et, par d'autres, si proches, que c'en est effrayant. Ce flacon avec cette inscription était l'équivalent de n'importe quelle bouteille de potion qu'on trouve à la pharmacie du coin!

Le coffre contenait également une boîte. Un simple étui de bois muni d'un fermoir. Enoch l'ouvrit. Elle recélait des plaques métallisées. Ce qui faisait office de papier pour les Lumineux.

Délicatement, Wallace souleva la feuille supérieure. Il s'aperçut alors qu'il s'agissait en réalité d'un long rouleau replié en accordéon. Et c'était un rouleau portant des inscriptions.

Les caractères, légers et pâlis, étaient malaisés à déchiffrer mais Enoch s'efforça de les lire.

A mon –, – ami : (Ce n'était pas le mot ami. Frère

de sang? Collègue? Et les deux adjectifs qui précédaient ce terme lui échappaient totalement.)

Il avait beaucoup de mal à comprendre le texte. Celui-ci évoquait le végien protocolaire mais le style portait la marque de la personnalité de l'auteur; ses enjolivures et ses arabesques désorientaient le lecteur. Enoch peinait. Bien des choses lui demeuraient obscures. Néanmoins, il saisissait le sens général du message.

Le scripteur s'était rendu en visite sur une planète étrangère. Là, il avait assumé certaines fonctions (lesquelles exactement? ce n'était pas très clair) qui avaient quelque chose à voir avec sa mort imminente.

Etonné, Enoch reprit la phrase. Cela, du moins, ne prêtait pas à équivoque. *Ma mort imminente.* Aucun doute. Pas d'erreur d'interprétation possible. Les mots ne présentaient pas la moindre ambiguïté.

Celui qui avait écrit ces lignes exhortait son bon (ami?) à agir pareillement. C'était, disait-il, une consolation et cela aplanissait la route.

Pas d'autre explication, pas d'autre allusion. Rien que la sereine affirmation qu'il avait accompli une chose dont il sentait la nécessité et qui avait trait à sa mort. Comme s'il savait celle-ci prochaine et n'en avait pas peur.

Le passage suivant (il n'y avait pas de paragraphes) évoquait une rencontre récente et une conversation qui n'avait aucun sens pour Enoch que déroutait une terminologie inconnue.

Puis : *Je suis très inquiet en raison de la médiocrité* (incompétence? incapacité? faiblesse?) *du dernier gardien du* (suivait le mystérieux symbole que l'on pouvait approximativement traduire par Talisman). *Depuis* (un mot qui, d'après le contexte, signifiait une longue période de temps), *et même depuis la mort du précédent gardien, le Talisman n'a pas été bien servi. En réalité, il y a* (un autre terme évocateur d'un important laps de temps) *que l'on n'a pas trouvé un authentique* (Sensitif?) *pour occuper cette fonction. Beaucoup ont été examinés mais pas un seul n'a été retenu. Et, faute d'un gardien qualifié, la galaxie a perdu le contact étroit qu'elle entretenait avec le principe moteur de la vie. Nous tous ici au* (temple? sanctuaire?) *redoutons fortement que, privés du lien qui convient entre les êtres* (plusieurs mots indéchiffrables) *la galaxie sombre dans le chaos* (une ligne intraduisible).

L'auteur de ce message sautait alors brusquement à un autre sujet : il était question de la préparation d'une cérémonie ayant trait à quelque chose dont Enoch n'avait qu'une idée des plus vagues.

Lentement, Wallace remit la lettre dans le coffre. Il avait éprouvé une certaine gêne à la lire, comme s'il pénétrait par effraction dans l'intimité d'un ami. *Nous tous ici au temple...* S'agissait-il d'un mystique? Les autres lettres étaient-elles de la même main? C'était probable. Et le vieux philosophe végien attachait tant de valeur à cette correspondance qu'il l'emmenait avec lui au cours de ses déplacements?

Une brise légère caressa les épaules d'Enoch — du moins eut-il cette impression. Mais ce n'était pas vraiment une brise : rien qu'un étrange frémissement de l'air.

Pourtant, rien ne bougeait dans la galaxie. Rien qui eût pu expliquer cette soudaine bouffée de froid.

Cela ne dura qu'un bref instant. Comme si un fantôme était passé.

Le vieux Lumineux avait-il un fantôme?

Ses compatriotes, sur Véga XXI, avaient su exactement quand et dans quelles circonstances il était mort. Ils avaient su que son cadavre avait disparu. Et celui qui avait rédigé la lettre avait parlé de sa mort prochaine avec une sérénité dont jamais un humain n'aurait pu faire preuve.

Se pouvait-il que les Végiens eussent plus de lumières que la plupart des êtres en ce qui concernait le problème de la vie et de la mort? La solution de l'énigme était-elle déposée, noir sur blanc, en quelque lieu secret de la galaxie?

Etait-ce cela, la réponse?

Peut-être, se disait Enoch, toujours accroupi devant le coffre, peut-être que quelqu'un savait quel était le sens de la vie et quel était son rôle. C'était une idée consolante; penser qu'une intelligence avait peut-être résolu la mystérieuse équation de l'univers, cela apportait à Enoch une sorte de réconfort intime. Et peut-être cette mystérieuse équation était-elle liée à cette force spirituelle, sœur idéale du temps et de l'espace, et à tous les autres facteurs élémentaires assurant la cohésion de l'univers.

Il essaya vainement d'imaginer ce que devait ressentir celui qui était en contact avec cette force spirituelle. Ceux qui avaient connu une pareille expérience étaient-ils même capables de trouver les mots voulus pour la relater? Ce devait être impossible. Comment une créature ayant été toute sa vie en communion totale avec l'espace et le temps aurait-elle pu expliquer ce que ces concepts signifiaient pour elle?

Ulysse ne lui avait pas dit toute la vérité au sujet du Talisman. Il lui avait confié que celui-ci avait disparu, que la galaxie en était privée – mais il ne lui avait pas révélé que, depuis de nombreuses années, la défaillance de celui qui avait charge d'être le trait d'union entre les êtres et la force universelle en avait fait pâlir l'éclatante puissance, que cette éclipse s'était traduite par le relâchement des liens unissant les peuples de la galaxie. Les événements qui allaient survenir maintenant, quels qu'ils fussent, seraient sans précédent récent, bien qu'ils aient mûri depuis plus longtemps que la majorité des extra-terrestres n'étaient prêts à l'admettre. Cependant, réflexion faite, il était probable que les Galactiques n'étaient pas nombreux à être au courant.

Enoch repoussa le coffre noir. Plus tard, quand il serait dans l'état d'esprit voulu, quand la situation lui en laisserait le loisir, quand il pourrait surmonter le sentiment de culpabilité lié à l'impression qu'il avait de commettre une indiscrétion, il effectuerait une traduction scrupuleuse de ces lettres, car il avait la conviction qu'il pourrait trouver dans cette correspondance des indices permettant de mieux comprendre l'énigmatique race des Végiens. De mieux jauger leur *humanité.* Pas « humanité » dans le sens d'appartenance à la race humaine. Il s'agissait d'autre chose : du fait que certaines règles de conduite devaient constituer l'infrastructure de toutes les notions de races.

Au moment où il allait rabattre le couvercle du coffre, Enoch hésita.

Plus tard... Peut-être n'y aurait-il jamais de « plus tard ». Penser en termes pareils n'était possible que dans les conditions particulières qui étaient celles de la vie à l'intérieur de la station. Une accumulation sans fin de jours succédant éternellement à d'autres jours... sans fin. Son sens du temps était faussé et Enoch pouvait placidement envisager l'avenir comme une sorte d'avenue temporelle quasi interminable. Mais peut-être était-ce déjà une idée dépassée. Peut-être le temps allait-il soudainement reprendre son cours normal. S'il quittait la station, c'en serait fini de la longue procession des jours à venir.

Enoch se pencha à nouveau sur le coffre et en sortit la boîte contenant les lettres, qu'il posa par terre à côté de lui. Je vais les monter, se dit-il. Je vais les mettre avec tout ce que j'emporterai si je dois quitter la station.

Si? Etait-ce encore une question? Avait-il, à son insu, déjà pris sa décision?

En ce cas, il en avait du même coup pris une autre. S'il quittait la station, il ne pourrait plus demander au Central Galactique de guérir la Terre de la guerre.

Vous représentez la Terre, avait dit Ulysse. Vous êtes le seul habitant à la représenter.

Mais était-ce vrai? Etait-il encore véritablement un représentant de la race humaine? Homme du XIXe siècle, comment pouvait-il représenter le XXe? Jusqu'à quel point la nature de l'homme ne change-t-elle pas d'une génération à l'autre? Et il n'y avait pas seulement le fait qu'il appartenait au XIXe siècle : depuis près de cent ans, en outre, il vivait dans des conditions tout à fait particulières que ne connaissait aucun autre Terrien.

Qui suis-je? se demanda Enoch avec de la terreur et de la pitié tout à la fois. Une sorte d'hybride insolite? Un métis galactique?

Lentement, il referma le coffre et le rangea sous les étagères puis, serrant les lettres sous son bras, il se releva, ramassa son fusil et s'avança en direction de l'escalier.

25

Il réunit quelques-uns des cartons vides empilés dans la cuisine — les cartons où Winslowe mettait les achats qu'il faisait en ville pour son compte — et commença à faire des paquets.

Les registres où il consignait son journal remplirent un carton et demi. Wallace enveloppa soigneusement les douze flacons de diamant dans de vieux journaux et emballa la boîte à musique avec le même luxe de précautions. Sa collection de textes galactiques suivit le même chemin. Il n'y avait plus rien sur le bureau à présent, sinon quelques babioles sans intérêt. Il ouvrit le tiroir, s'empara de son diagramme qu'il roula en boule avant de le jeter dans la corbeille à papiers.

Il traîna les boîtes jusqu'à la porte. Lewis aurait probablement une caisse quelconque quand il viendrait rapporter le corps du Végien. Il fallait que l'essentiel soit empaqueté.

L'essentiel... Qui serait juge de ce qui l'était? Tout était important. Jusqu'au moindre objet, il fallait tout emporter. Ce n'était pas impossible. Avec un peu de temps, il pourrait tout emporter. Tout ce qui était dans cette pièce et dans le sous-sol. Il en avait le droit. C'était à lui. On le lui avait donné. Mais cela n'empêcherait sans doute pas le Central Galactique de s'opposer avec la dernière énergie à ce déménagement. Dans cette éventualité, il était impératif qu'Enoch pût au moins partir avec l'essentiel.

Indécis, il regarda tout autour de lui. Le bric-à-brac entassé sur la table basse, il l'emporterait aussi, ainsi que la petite pyramide de sphères que Lucy avait actionnée.

Il s'aperçut que le Minet était une fois de plus tombé par terre. Il le ramassa et le contempla. Il lui était poussé une ou deux protubérances depuis la dernière fois qu'il l'avait regardé. Et à présent, il était rose et non plus d'un bleu de cobalt.

L'avoir baptisé Minet était purement gratuit. Il se pouvait fort bien qu'il ne fût même pas vivant. Et s'il l'était, son mode d'existence était d'une nature qu'Enoch était parfaitement incapable de concevoir. Le Minet était fait d'une matière qui n'était ni du métal ni de la pierre mais qui ressemblait beaucoup à l'un et l'autre. La lime n'y laissait pas de trace. A plusieurs reprises, Wallace avait eu la tentation d'assener un bon coup de marteau à la chose pour voir ce que cela donnerait, bien qu'il fût intimement persuadé qu'elle ne s'en porterait pas plus mal. Cela croissait lentement et se mouvait mais impossible de deviner comment : on la posait quelque part et on s'éloignait; quand on revenait, le Minet s'était légèrement déplacé. Il savait quand on l'observait et, dans ce cas, il restait immobile. Il ne mangeait apparemment pas et ne semblait pas excréter. Sa couleur changeait mais ces modifications chromatiques n'avaient rien à voir avec la saison et le phénomène semblait inexplicable.

C'était un Sagittarien qui en avait fait cadeau à Enoch, il n'y avait guère plus d'un an ou deux. Une curieuse créature! Pas une plante, sans doute, mais on aurait juré que c'en était une — une plante vaguement renflée au centre à laquelle l'eau et la bonne terre auraient été chichement mesurées, qui aurait poussé plutôt dans une caisse enregistreuse car c'était un véritable buisson de petites sonnettes argentines qui bruissaient à chaque mouvement qu'elle faisait — car elle marchait!

Enoch se rappelait avoir demandé au visiteur ce qu'était ce cadeau mais le végétal ambulant avait simplement agité ses sonnettes sans même faire mine d'essayer de répondre.

Wallace avait posé l'objet sur un coin du bureau et, longtemps après — il y avait des heures que l'extra-terrestre avait quitté les lieux — il avait constaté qu'elle se trouvait à l'autre bout du meuble. Mais il eût été par trop absurde d'imaginer qu'une chose pareille était capable de se mouvoir et, finalement, Enoch avait conclu qu'il s'était trompé, qu'il l'avait posée ailleurs. Il lui fallut plusieurs jours pour admettre que cela bougeait effectivement.

Il faudrait prendre le Minet quand il partirait. Et la pyramide de Lucy. Et la boîte à images pleine de paysages des autres mondes. Et beaucoup d'autres souvenirs encore.

Debout, le Minet dans la main, Enoch se demanda à brûle-pourpoint, et pour la dernière fois, pourquoi il faisait ses bagages.

Il agissait comme s'il avait décidé, une fois pour toutes, de partir, comme s'il avait choisi la Terre au détriment de la galaxie. Mais quand, comment avait-il arrêté sa décision? Une décision exige qu'on pèse le pour et le contre : il n'avait pas passé tour à tour les avantages et les inconvénients en revue, il n'avait pas cherché à en établir un bilan. Il n'était pas parvenu à sa décision à l'issue d'un débat avec lui-même. C'était venu... d'un seul coup. Comme ça... Il avait pris une décision qu'il avait cru impossible de prendre sans que cela eût posé l'ombre d'un problème.

Avait-il, au contact de tant d'éthiques, de tant de modes de pensées étrangers à la Terre, sécrété à son insu un processus intellectuel nouveau? Peut-être un mécanisme subconscient qui était déjà présent en lui et ne s'était déclenché qu'au moment où il en avait eu besoin?

Il acheva d'empaqueter les objets qu'il voulait conserver par-devers lui, puis se rendit au sous-sol et commença de sélectionner les articles étiquetés. Jetant un coup d'œil par la fenêtre, il s'aperçut, non sans surprise, que le soleil était déjà très bas sur l'horizon. Il allait falloir se hâter car la nuit allait bientôt tomber.

Il songea qu'il n'avait pas déjeuné. Tant pis : il n'avait pas le temps de manger. On verrait cela plus tard.

Soudain, il s'immobilisa : il venait d'entendre un léger son. Un son qu'il connaissait bien : celui d'un matérialisateur qui s'anime. Impossible de s'y méprendre.

Et il ne pouvait s'agir que du matérialisateur officiel, car personne ne pouvait emprunter l'autre sans préavis de passage.

Ce devait être Ulysse qui revenait. Ou plutôt, un autre membre du Central Galactique, car Ulysse aurait probablement annoncé son arrivée.

– Ulysse!

Mais, à la seconde même où il lâchait ce cri, Enoch comprit que ce n'était pas Ulysse.

L'espace d'une seconde, il eut la vision d'une silhouette arrogante, d'un haut-de-forme, d'une cravate blanche, d'une queue-de-pie. Puis il vit que la créature qui s'était matérialisée était un rat dressé sur ses pattes de derrière, le poil noir et luisant, le museau acéré. Quand le rat tourna la tête vers lui, Wallace entr'aperçut un œil d'un rouge ardent. Il vit alors que le nouveau venu sortait quelque chose de l'étui qu'il portait fixé sur le corps. Quelque chose qui lançait des reflets métalliques.

Tout cela était parfaitement anormal. Le voyageur aurait dû le saluer, venir à sa rencontre. Au lieu de cela, il s'était contenté de lui jeter un regard désinvolte et s'était directement dirigé vers l'angle de la pièce.

Le rat finit par extraire entièrement l'objet métallique de sa gaine. Ce ne pouvait être qu'une arme.

Est-ce donc de cette façon qu'ils allaient fermer la station? Un coup de fusil... le gardien gisant dans son sang. Avec quelqu'un de spécialement choisi pour exécuter la besogne. On n'aurait pas fait confiance à Ulysse pour cela. Même pour la cause supérieure de la confraternité galactique, Ulysse aurait hésité à tuer un vieil ami.

Le fusil était posé sur le bureau. Il n'y avait pas un instant à perdre.

Mais le rat ne se retournait pas. Il faisait toujours

face à l'angle du mur. Il levait sa main serrée sur l'arme miroitante.

Une sonnette d'alarme retentit dans le cerveau d'Enoch. Il lança le Minet sur l'extra-terrestre en poussant involontairement un cri jailli du plus profond de sa poitrine.

Car il avait brusquement compris que l'intrus n'avait pas l'intention de liquider le gardien mais de saboter la station. La seule cible possible dans ce coin de la pièce était le bloc de contrôle, le système nerveux de la base galactique. Une fois celui-ci hors d'usage, la station serait inutilisable. Pour la remettre en état, il faudrait faire venir par astronef une équipe de dépannage de la base sœur la plus proche. Un voyage qui demanderait des années.

En entendant le cri d'Enoch, le rat fin un bond et s'aplatit au sol. Le Minet atterrit en plein sur son abdomen, rebondit et acheva sa trajectoire en s'écrasant sur le mur.

Enoch se rua en avant, les bras tendus. L'extra-terrestre lâcha son arme et, toujours à terre, pivota sur lui-même pour affronter son adversaire. Enoch bondit mais, comme il s'approchait, une odeur écœurante, immonde, envahit ses narines.

Ses bras se refermèrent sur la créature. Elle n'était pas lourde. Il lui fit faire un tour complet et la projeta le plus loin possible du tableau de contrôle.

Le rat alla s'affaler contre une chaise mais, tel un ressort, il se retrouva debout et se précipita pour récupérer son arme.

En deux enjambées, Enoch eut rejoint le rat qu'il empoigna par le cou, le soulevant au-dessus du sol et le secouant avec une telle fureur que, à nouveau, l'arme dont son adversaire s'était emparé échappa à son étreinte. Le sac que l'agresseur portait à l'épaule tressautait à la cadence d'un marteau piqueur.

La puanteur était à couper au couteau; Enoch en avait la nausée. Puis, d'un seul coup, ce fut encore pire. C'était comme du feu dans sa gorge, comme des coups de masse à l'intérieur de son crâne. C'était physique. C'était un coup de bélier en plein ventre, une explosion dans le plexus solaire. Enoch lâcha prise, recula en vacillant sur ses jambes devenues cotonneuses et se plia en deux, pris de haut-le-cœur. Il porta les mains à son visage, s'efforçant de chasser cette pestilence, d'en débarrasser ses poumons, sa bouche, ses yeux qu'il frottait énergiquement.

Il vit, dans un brouillard, l'intrus se relever, s'emparer de son arme et se précipiter en direction de la porte. Il ne l'entendit pas prononcer la formule mais la porte s'ouvrit, puis se referma sèchement après que l'étranger se fut enfui à la vitesse d'un boulet de canon.

26

Titubant, Enoch alla jusqu'au bureau où il s'appuya. La puanteur était moins abominable, à présent, et sa tête commençait à s'éclaircir. Il parvenait difficilement à comprendre ce qui s'était passé.

C'était positivement incroyable. Le rat avait utilisé le matérialisateur officiel alors que personne, hormis les émissaires accrédités par le Central Galactique, ne pouvait emprunter cette voie. Et Wallace était persuadé qu'aucun des membres du Central n'aurait agi comme le rat l'avait fait. De plus, ce dernier connaissait le sésame qui commandait l'ouverture de la porte. Or, les membres du Central et Enoch lui-même étaient seuls à partager le secret de la formule clé.

Il empoigna son fusil.

Pas de pépin, se dit-il. Il n'y avait pas eu de dégâts. Sauf qu'un extra-terrestre se promenait en liberté et cela, c'était quelque chose d'inadmissible. La Terre était zone interdite pour les non-humains; planète non reconnue par la confraternité galactique, elle était frappée d'ostracisme.

Enoch se redressa, l'arme au poing. Il savait ce qu'il lui restait à faire. Ramener l'extra-terrestre. L'expulser de la Terre.

D'une démarche encore mal assurée, il sortit, contourna la maison. Il vit l'étranger qui courait à travers champs : il était presque à la lisière du bois.

Enoch s'élança à sa poursuite, fonçant de toutes ses forces, mais il avait à peine franchi la moitié de la distance qui le séparait du couvert que sa proie, plongeant dans la forêt, avait disparu à sa vue.

Les bois s'assombrissaient. Les derniers rayons du soleil illuminaient encore la cime des arbres mais, au niveau du sol, l'ombre, déjà, s'épaississait.

Comme il pénétrait à son tour dans le bois, Enoch aperçut la créature qui dévalait un petit ravin; elle escalada à vive allure le versant opposé, coupant à travers la masse dense des fougères qui descendaient à mi-pente.

Si elle continuait dans la même direction, cela irait à merveille. Au-delà du ravin, la voie était bloquée par des éboulis de rochers que dominait la masse de la falaise. Si le rat s'y réfugiait, il serait peut-être difficile de le déloger mais il n'aurait pas d'issue pour s'échapper. Seulement il n'y avait pas de temps à perdre. Le soleil se couchait. La nuit allait très vite tomber.

Enoch, accélérant encore l'allure, traversa la zone des fougères et atteignit le versant le plus raide, à quelques centaines de mètres des éboulis. Là, la végétation était moins fournie. Des groupes de buissons épars, quelques arbres disséminés. A la terre fraîche de la forêt, succédait un sol rocailleux constitué par les débris détachés au cours des ans de la masse rocheuse et qui, éclatant sous l'effet du gel hivernal, avaient glissé le long de la paroi. Ils étaient maintenant recouverts d'un épais tapis de mousse, traître sous les pas.

L'extra-terrestre était invisible. Soudain, Enoch aperçut du coin de l'œil quelque chose qui bougeait et il se jeta à terre. Il distingua alors la silhouette du rat se détachant sur le ciel. L'étranger était embusqué derrière un bouquet de coudriers; sa tête allait et venait dans un mouvement incessant tandis qu'il surveillait la pente. L'arme à moitié levée, il était prêt à tirer.

Enoch conserva une immobilité absolue. Il étreignait fermement son fusil au bout de son bras tendu. Ses phalanges, écorchées par les pierres, le cuisaient.

L'extra-terrestre disparut derrière les éboulis et l'homme déplaça lentement son arme de façon à pouvoir aisément la saisir si l'occasion lui était donnée de faire feu.

Mais oserait-il tirer? Oserait-il tuer un extra-terrestre?

Le rat aurait pu le liquider dans la station alors que Wallace, assommé par la puanteur, était sans défense. Mais il ne l'avait pas fait; tout au contraire, il avait pris la fuite. Parce qu'il était trop terrifié pour penser à autre chose? Ou parce qu'il répugnait autant qu'Enoch lui-même à assassiner un être d'une autre race?

Enoch scruta le fouillis de rochers au-dessus de lui. Rien ne bougeait. Il fallait grimper, et vite! Le temps travaillait contre lui. Il n'y avait plus qu'une demi-heure de jour et, d'ici là, il devait avoir réglé cette affaire. Si l'étranger s'évadait, il n'y aurait guère de chances de le retrouver.

Mais pourquoi te tracasser pour les problèmes des Galactiques? lui soufflait une partie de lui-même. N'es-tu pas prêt à révéler à la Terre que la galaxie recèle des races étrangères, à lui livrer toutes les connaissances extra-terrestres en ta possession si tu le peux? Pourquoi as-tu empêché cette créature de saboter la station? Si elle l'avait mise hors d'état de fonctionner, tu aurais pu disposer à ton gré de tout ce que contient la base? Il aurait été de ton avantage de laisser les événements suivre leur cours sans intervenir.

Mais je ne pouvais pas! s'exclama silencieusement Enoch. *Ne le comprends-tu pas? Je ne pouvais pas!*

Il y eut un froissement de feuilles à sa gauche et il bondit, l'arme au poing.

C'était Lucy Fisher, debout, à moins de vingt mètres.

– Va-t'en! s'écria-t-il, oubliant qu'elle ne pouvait l'entendre.

Elle ne parut pas émue. De la main, elle désigna les éboulis.

– *Va-t'en,* murmura Enoch d'une voix inaudible en lui faisant signe de s'éloigner.

Lucy secoua la tête et, pliée en deux, se mit à escalader la pente en courant.

Enoch se précipita vers elle. Au même instant, il perçut comme un grésillement tandis qu'une âcre odeur d'ozone emplissait l'air.

Instinctivement, il se plaqua contre le sol. Un peu plus bas, il vit un carré de terre bouillonnant et fumant.

Un laser, songea Enoch. L'arme de l'extra-terrestre était un laser dont l'étroit rayon lumineux était chargé d'une énergie d'une puissance terrifiante.

Se relevant, Enoch se rua en avant et se tapit derrière un groupe de bouleaux chétifs. A nouveau, il entendit le grésillement et sentit passer une onde de chaleur. Un autre carré de terre se mit à fumer. Des cendres voletaient à la ronde; il en retomba un peu sur le bras de Wallace. Levant la tête, celui-ci constata que les arbres étaient décapités. De minces fumerolles montaient en tourbillonnant des moignons de branches que l'on eût dit cisaillés net.

A présent, l'étranger, quelle qu'eût été son attitude dans la station, était décidé à jouer le tout pour le tout. Il savait qu'il était cerné.

Enoch, accroupi au ras du sol, s'inquiétait du sort de Lucy. Pourvu qu'elle fût saine et sauve! La petite dinde! Que fabriquait-elle ici? Ce n'était pas un endroit pour elle en ce moment... Hank allait se figurer qu'on l'avait encore kidnappée et il allait se mettre à sa recherche.

Il faisait de plus en plus sombre. Seul le faîte des arbres était encore illuminé. Un courant d'air froid montait de la vallée et l'humidité sortait du sol. Un oiseau de nuit lança son cri lugubre.

Enoch, émergeant de sa cachette, se précipita à l'assaut de la pente. Il atteignit le tronc mort qu'il s'était fixé comme but et s'accroupit derrière lui. Cette fois, l'extra-terrestre ne réagit pas.

Enoch étudia le terrain. En deux bonds – le premier jusqu'à un petit amoncellement de pierre, le second qui l'amènerait à la périphérie de la zone d'éboulis – il serait à la verticale de l'extra-terrestre. Que ferai-je à ce moment? se demanda-t-il.

Impossible d'imaginer à l'avance un plan, une tactique. Quand il serait à la limite des éboulis, il devrait s'abandonner à l'improvisation, utiliser les circonstances telles qu'elles se présenteraient. La position d'Enoch était désavantageuse car il importait de ne pas tuer l'extra-terrestre : il devait le capturer et le ramener à la station en dépit de sa résistance.

Peut-être, à l'air libre, l'arme de dissuasion du rat, sa puanteur, serait-elle moins efficace que dans l'enceinte de la base. Cela faciliterait les choses. Mais Enoch avait beau examiner avec soin l'entassement des rochers, il ne distinguait aucun indice révélant la présence de son adversaire.

Lentement, il commença à se préparer pour le premier bond en s'efforçant de ne faire aucun bruit.

Il devina plutôt qu'il ne la vit une ombre mouvante derrière lui et, prestement, il prit la position du tireur assis. Mais avant qu'il ait eu le temps de braquer son fusil, l'ombre était sur lui. Un choc le renversa tandis qu'une main se posait brutalement sur sa bouche.

– Ulysse! parvint-il à bredouiller, mais l'ombre menaçante ne répondit que par un « chut » impératif.

Le corps qui l'écrasait sous son poids s'écarta et la paume qui le bâillonnait lui libéra la bouche.

Ulysse désigna les éboulis et Wallace secoua la tête.

Le Galactique colla ses lèvres contre l'oreille du Terrien et murmura dans un souffle :

– Le Talisman! Il a le Talisman!

– Le Talisman!

Enoch essaya d'étouffer le cri qui lui était monté aux lèvres, se rappelant au dernier moment qu'il ne fallait pas faire de bruit capable de le trahir.

Une pierre dévala le long de la pente. Enoch se plaqua plus étroitement encore derrière l'arbre mort.

– Baissez-vous! fit-il à l'intention d'Ulysse. Baissez-vous. Il est armé.

Mais il sentit la main de son compagnon lui fouailler l'épaule.

– Regardez, Enoch... Regardez!

Enoch se redressa. En haut des éboulis, deux formes luttaient, accrochées l'une à l'autre. Il hurla :

– Lucy!

Car c'était elle. L'autre silhouette était celle du rat.

Elle lui est tombée dessus en douce, songea-t-il. Sacrée petite imbécile! Elle lui est tombée dessus! Elle a profité de ce que le rat concentrait son attention sur la pente qu'il surveillait pour s'approcher de lui sans se faire remarquer et lui sauter dessus.

Elle avait un gourdin à la main, probablement une vieille branche qu'elle brandissait bien haut, mais l'autre lui avait saisi le bras et elle ne pouvait pas frapper.

– Tirez, ordonna Ulysse d'une voix monocorde, d'une voix blanche.

Enoch leva le fusil. L'obscurité l'empêchait de viser. Et les deux adversaires étaient si rapprochés! Trop rapprochés.

– Tirez! répéta Ulysse.

– Je ne peux pas, répondit Enoch dans un sanglot. Il fait trop noir.

– Il le faut.

A présent, la voix d'Ulysse était dure et tendue.

– Il faut que vous preniez le risque.

A nouveau, Enoch épaula. Cette fois, sa vision était plus nette. C'était moins l'obscurité, il le savait, qui le gênait que le souvenir de la cible qu'il avait manquée lors de sa récente séance de tir. S'il avait raté son coup là-bas, il pouvait tout aussi bien le rater ici et maintenant.

Le tenon de la mire vint en coïncidence avec la tête de la créature. Mais celle-ci oscillait d'avant en arrière.

– Tirez! hurla Ulysse.

Enoch actionna la détente. Le fusil cracha son tonnerre. En haut des rochers, le rat, la moitié du crâne emportée, demeura un instant dressé de toute sa taille. Dans la lumière pâlissante, des lambeaux de chair voletaient en tous sens comme un essaim de noirs insectes.

Enoch laissa choir son fusil et s'affaissa, étreignant la mousse de ses ongles, malade à l'idée de ce qui aurait pu arriver, sans force tellement il était heureux que ce ne fût pas arrivé, que les années sans nombre qu'il avait consacrées à s'entraîner dans ce prodigieux stand de tir eussent finalement porté leurs fruits.

Que c'était étrange! Quelle multitude de choses futiles pour forger un destin! Car ce stand était futile. Ni plus ni moins, en tout cas, qu'un billard ou un jeu de cartes. Il n'avait eu d'autre fonction que de fournir un passe-temps au gardien de la station. Et pourtant, chacune des heures qu'il y avait passées avait contribué à donner forme à cette heure ultime. Elles avaient toutes convergé ici, sur cette pente.

Il semblait que la terre aspirât la nausée qui l'avait envahi. Soudain, ce fut la paix qui l'habita – la paix qui était celle des arbres et du terreau et du premier souffle du crépuscule. Le ciel, les étoiles, l'espace tout entier recouvraient Enoch et lui chuchotaient qu'il ne faisait qu'un avec eux. Un court instant il eut l'impression d'avoir frôlé une vérité sublime qui lui apportait un sentiment de douceur et de grandeur qu'il n'avait jamais éprouvé.

– Enoch, murmura Ulysse. Enoch, mon frère...

Il y avait comme un sanglot étouffé dans la voix du Galactique. C'était la première fois qu'il saluait le Terrien du nom du frère.

Enoch se mit sur ses genoux. Au sommet de l'éboulis palpitait une lueur d'une merveilleuse douceur. Une luciole géante qui aurait brûlé dans la nuit...

Et la lumière s'approchait. Enoch vit que c'était Lucy qui la portait comme une lanterne.

Il sentit la main d'Ulysse lui emprisonner le bras.

– Le voyez-vous?

– Oui. Qu'est-ce que...

– C'est le Talisman, répondit Ulysse au comble du ravissement. (Son souffle était rauque.) Et elle en est la gardienne. Nous avons trouvé le nouveau gardien que nous cherchions depuis si longtemps.

27

On ne s'y habituait pas, songeait Enoch tandis qu'il avançait à travers bois. Il était impossible d'oublier cette présence, fût-ce pendant une fraction de seconde.

C'était quelque chose que l'on avait envie de serrer très fort contre soi et de garder à tout jamais. Même si on vous l'arrachait, on ne l'oublierait pas. Jamais.

Cela défiait toute description. L'amour d'une mère, la fierté d'un père, l'adoration d'une fiancée, l'affection d'un ami... c'était tout cela et bien plus encore. Cela niait la distance et l'éloignement, cela simplifiait ce qui était complexe. Cela chassait toute peur et toute tristesse.

Lucy marchait entre Enoch et Ulysse, pressant contre son sein le sac contenant le Talisman d'où émanait une lumière tamisée. A la voir ainsi, Enoch pensait à une petite fille portant un chat bien-aimé entre ses bras.

– Il y a un siècle, des siècles même, qu'il n'a brillé aussi intensément, dit Ulysse. Il n'a peut-être jamais eu autant d'éclat. En tout cas, je ne me rappelle pas l'avoir vu aussi resplendissant. C'est merveilleux, n'est-ce pas?

– Oui. C'est merveilleux.

– Nous allons retrouver notre unité. Nous allons cesser d'être une mosaïque de peuples pour redevenir un seul peuple.

– Mais la créature qui l'a...

– Elle était astucieuse. Elle en voulait une rançon.

– Alors, le Talisman avait été volé?

– Nous ne savons pas exactement comment les choses se sont passées. Mais, naturellement, nous le découvrirons.

Ils marchèrent en silence. A travers le feuillage, on distinguait, vers l'est, la lueur annonciatrice de la lune.

– Quand même, dit Enoch, il y a quelque chose...

– Demandez-moi tout ce qu'il vous plaira.

– Comment cette créature pouvait-elle l'avoir en sa possession sans... sans se sentir... se sentir intégrée? Car, dans ce cas, elle ne l'aurait pas volé.

– Seul un être sur des milliards est capable de...

comment diriez-vous? De s'accorder, peut-être? Ni vous ni moi ne pourrions en faire quoi que soit : le Talisman ne réagirait pas. Mais que l'être privilégié pose un doigt dessus, et le Talisman s'anime. Il existe un rapport, une sensibilité (je ne sais quel mot employer) qui jette un pont entre la machine et la force spirituelle du cosmos. Comprenez bien : ce n'est pas la machine elle-même qui aspire la force cosmique : c'est l'esprit, l'esprit vivant, de l'être élu qui, avec l'aide du mécanisme, nous transmet une force.

Une machine, un mécanisme, rien de plus qu'un outil, cousin technologique de la houe, du levier et du marteau, mais aussi éloigné de ces instruments que le cerveau humain est éloigné du premier acide aminé qui se créa dans l'enfance de la Terre. On est tenté de croire que c'était là l'outil ultime, le fruit définitif de l'intelligence, se dit Enoch. Mais c'était là une façon de penser dangereuse. Peut-être n'y avait-il pas de limite. Peut-être que l'« ultime » n'existait pas, qu'aucune créature, aucun groupe ne pouvait jamais s'arrêter en un point déterminé et proclamer qu'il était impossible d'aller au-delà, que ce n'était même pas la peine d'essayer. Car chaque progrès réalisé engendre une multitude de possibilités nouvelles, une foule de routes inédites où, à chaque pas, se découvrent d'autres chemins. Il n'y aura jamais de fin, songeait Enoch. Il n'y aura jamais de fin à rien.

Ils atteignirent la lisière de la forêt et prirent la direction de la station. Un bruit de pas précipités leur parvint, venant de l'autre bout du champ. Et une voix s'éleva dans la nuit :

– Enoch! Est-ce vous, Enoch?

Enoch reconnut cette voix.

– Oui, Winslowe. Que se passe-t-il?

Le facteur émergea des ténèbres, le souffle court.

– Ils arrivent, Enoch! Deux voitures pleines. Mais je

leur ai mis des bâtons dans les roues. Là où la route tourne quand on va chez vous – l'endroit où c'est plus étroit, vous savez – j'ai semé un kilo de gros clous dans les ornières. Cela les retardera un moment. Mais pas longtemps, Enoch, pas longtemps!

– Des clous? demanda Ulysse d'un air incompréhensif.

Enoch entreprit de lui expliquer.

– C'est une foule d'émeutiers. Ils me cherchent. Les clous...

– Oh! je vois... Pour crever les pneus!

Winslowe fit lentement un pas en avant, les yeux fixés sur le sac lumineux recélant le Talisman.

– C'est Lucy Fisher, hein?

– Bien sûr.

– Son vieux est venu faire du foin en ville pas plus tard que tout à l'heure. Il racontait qu'elle était repartie. Il a fait tant et si bien qu'il mit tout le monde en révolution. Alors j'ai été chercher des clous et j'ai pris les devants.

– Mais cet attroupement... fit Ulysse. Je ne...

Winslowe était tellement désireux de donner toutes les informations en sa possession qu'il l'interrompit.

– Le chasseur de ginseng vous attend chez vous, Enoch. Il est venu avec un camion.

– Ce doit être Lewis avec le corps du Lumineux.

– Il a l'air embêté, reprit Winslowe. Il dit comme ça que vous l'attendiez.

– Nous devrions peut-être ne pas rester ici, suggéra Ulysse. J'ai l'impression que des événements graves risquent de se produire.

– Eh! s'exclama le facteur. Qu'est-ce qui se passe ici? Qu'est-ce que c'est que ce truc qu'elle tient, la Lucy? Et ce type, qui c'est?

– Je vous expliquerai plus tard. Pour le moment je n'ai pas le temps.

– Mais, Enoch, ces gens...

– Je m'occuperai d'eux quand il le faudra, dit Enoch d'une voix menaçante. Mais, pour l'instant, il y a plus important.

Tous quatre dévalèrent le champ en pente où l'on s'enfonçait dans l'herbe folle jusqu'à la ceinture. En face d'eux, ils voyaient se profiler la station, noire et anguleuse.

– Ils sont au virage, dit Winslowe qui respirait avec difficulté.

Ils arrivèrent devant la cour et se précipitèrent en direction de la maison. Le Talisman scintilla dans l'ombre que projetait le camion. Une forme surgit de l'obscurité.

– Est-ce vous, Wallace?

– Oui. Excusez-moi de ne pas avoir été là pour vous accueillir.

– J'étais inquiet en ne vous trouvant pas.

– Il y a eu quelque chose d'imprévu dont il a fallu que je m'occupe toute affaire cessante.

– C'est le corps de l'honoré Végien qui se trouve dans le camion? s'enquit Ulysse.

Lewis acquiesça.

– Je suis heureux d'être en mesure de vous le restituer.

– Nous allons devoir le porter, fit Enoch, le camion ne peut pas aller jusqu'au verger.

– La dernière fois, c'est vous qui l'avez porté, dit Ulysse.

Enoch hocha approbativement la tête.

– Ami, cet honneur pourrait-il m'échoir aujourd'hui?

– Mais bien sûr. Cela lui aurait fait plaisir.

Enoch ravala les mots qui lui montaient aux lèvres car il n'eût pas été séant de les prononcer – des mots de gratitude exprimant les sentiments de reconnaissance qu'il éprouvait pour ce geste qui effaçait le dol, qui le dispensait d'exécuter la lettre de la loi.

– Ils arrivent, fit Winslowe dans un souffle. Je les entends. Sur la route.

Il ne se trompait pas.

On entendait piétiner la poussière du chemin. Ils ne se hâtaient pas. Ils n'avaient pas besoin de se presser. Ils approchaient, avec un calme insultant, délibéré, comme un monstre qui sait que sa proie ne peut lui échapper.

Enoch fit volte-face et leva à moitié son fusil.

Derrière lui s'éleva la voix calme d'Ulysse :

– Peut-être conviendrait-il que l'ensevelissement ait lieu à la lumière glorieuse de notre Talisman retrouvé.

– Elle ne vous entend pas, lui rappela Wallace. Elle est sourde, je vous l'ai dit. Il faut que vous lui montriez.

Mais il n'avait pas achevé la dernière phrase qu'une lumière éblouissante déchirait les ténèbres.

Poussant un cri étranglé, Enoch se retourna. Le sac qui avait servi de réceptacle au Talisman gisait aux pieds de Lucy et la jeune fille levait bien haut dans une attitude pleine de fierté l'objet resplendissant. La cour, la vieille demeure et une partie des champs en étaient illuminées.

Alors ce fut le silence. Comme si le monde entier retenait son souffle, attentif et paralysé de respect, guettant un son qui ne venait pas, qui ne viendrait jamais mais que, toujours, on attendrait.

Ce n'était pas seulement le silence : il y avait aussi la paix, une paix inébranlable pénétrant au plus profond de l'être. Pas une paix artificielle. Une paix tangible, une paix réelle, cette paix de l'esprit qui accompagne la fin d'une longue et étouffante journée d'été ou le miroitement immatériel d'une aube de printemps. Une paix que l'on éprouvait au fond de soi-même et tout autour de soi, une paix qui n'était pas localisée et circonscrite mais qui rayonnait dans toutes les directions jusqu'à l'infini. Une paix d'une densité telle qu'elle était capable de durer jusqu'au dernier soupir de l'éternité.

Lentement, Enoch tourna la tête.

Ses poursuivants étaient à la limite de la zone de clarté – telle une meute de loups intimidés par un feu de camp.

Et, sous ses yeux, ils reculèrent, se fondirent dans l'obscurité de la nuit en un groupe compact.

A l'exception d'un seul qui tourna les talons et se rua vers les bois en hurlant, fou de terreur, comme un chien apeuré.

– C'est Hank qui s'en va, laissa tomber Winslowe.

– Je regrette que nous l'ayons effrayé, se contenta de répondre Enoch. Personne ne devrait avoir peur de cela.

– C'est de lui-même qu'il a peur, répliqua le facteur. La peur est en lui.

C'est vrai, se dit Enoch. L'Homme a peur. Il a toujours vécu avec la peur. Il a peur. Peur de lui-même.

28

La tombe était refermée. Le petit groupe resta un moment silencieux devant le tertre, à l'écoute du vent qui, sans relâche, faisait bruire les pommiers du verger noyé de lune. Là-bas, très loin dans la vallée, les engoulevents se répondaient.

A la lueur d'argent de l'astre, Enoch essaya de déchiffrer les caractères grossièrement taillés dans la pierre tombale, mais il faisait trop noir. D'ailleurs, il n'avait pas besoin de les lire – il les connaissait par cœur :

Ici repose un être venu d'une planète lointaine. Mais cette terre ne lui est pas une terre étrangère car, dans la mort, il appartient à l'univers.

L'un des nôtres aurait pu écrire cette formule, lui avait dit, la veille, le diplomate végien. Enoch s'était tu. Pourtant, il estimait que son interlocuteur se trompait. Ces mots ne reflétaient pas seulement les sentiments des Végiens : ils exprimaient aussi des sentiments humains.

Il les avait gravés d'une main malhabile. Et il y avait une ou deux fautes d'orthographe car le végien était une langue malaisée à maîtriser. La pierre n'avait pas la dureté du marbre ou du granit dont on se sert en général pour les épitaphes. Elle ne durerait pas très longtemps. D'ici à quelques années, l'action délitante du soleil, de la pluie et du gel effacerait l'inscription. Oui... Et, dans un certain temps, il n'y aurait plus rien sur la pierre sinon quelques aspérités pour témoigner qu'un message ancien y avait été gravé. Mais cela n'avait pas d'importance. Ce n'était pas seulement dans la pierre que ces mots étaient gravés.

Enoch posa son regard sur Lucy. Elle avait remis le Talisman dans le sac et la clarté s'était atténuée. Mais elle le serrait fortement contre sa poitrine et son visage avait toujours la même expression d'extase. On eût dit qu'elle avait quitté ce bas monde pour pénétrer dans un autre univers, une autre dimension dont elle était la seule habitante, qu'elle avait oublié le passé.

— Croyez-vous qu'elle nous suivra? demanda Ulysse. Est-ce que la Terre...

— La Terre n'a pas la parole. Nous autres, Terriens, nous avons notre libre arbitre. C'est à elle de décider.

— Pensez-vous qu'elle viendra?

— Oui. C'est le moment qu'elle a attendu depuis qu'elle existe. Même sans le Talisman, elle le pressentait, j'en jurerais.

Oui... Lucy avait toujours été en contact avec quelque chose qui ne participait pas du savoir humain. Quelque chose que l'on sentait mais sur quoi l'on ne pouvait mettre un nom. Elle avait essayé de le manipuler, de s'en servir sans savoir comment s'y prendre – guérissant les verrues, soignant les papillons blessés et Dieu sait quoi encore qui n'avait jamais eu de témoins.

– Et ses parents? insista Ulysse. L'homme qui s'est enfui en hurlant?

– Je me charge de lui, dit Lewis. Je lui parlerai. Je le connais assez bien.

– Vous voulez qu'elle vous accompagne au Central Galactique, Ulysse?

– Si tel est son désir. Il faut mettre immédiatement le Central au courant.

– Et ensuite, elle parcourra toute la galaxie?

– Oui. Nous avons terriblement besoin d'elle.

– Est-ce que nous pourrions vous l'emprunter un jour ou deux?

– L'emprunter?

– Oui. Nous aussi, nous avons besoin d'elle. Plus que n'importe qui d'autre.

– Bien sûr. Mais je ne...

Enoch s'adressa à l'homme du C.I.A. :

– Lewis, pensez-vous qu'un membre du gouvernement – le Secrétaire d'Etat, peut-être – pourrait accepter que Lucy Fisher soit membre de notre délégation à la conférence de la paix?

Lewis commença par balbutier de façon incompréhensible, puis, se reprenant :

– Cela devrait pouvoir s'arranger.

– Vous rendez-vous compte de l'effet que produiraient Lucy et le Talisman devant le tapis vert?

– Sans doute. Mais, selon toute probabilité, le secrétaire d'Etat voudra avoir une conversation avec vous avant de prendre une décision.

Enoch se tourna vers Ulysse mais il lui fut inutile de formuler la question.

– Bien entendu! s'exclama l'extra-terrestre. Vous n'aurez qu'à me faire signe et je viendrai. Et je vous conseille de suggérer à votre secrétaire d'Etat que ce serait une bonne idée que de créer un comité mondial.

– Un comité mondial?

– Oui. Afin que puissent être prises les mesures indispensables à l'entrée de la Terre dans la confraternité galactique. Comment voulez-vous que nous puissions admettre comme gardien du Talisman une créature citoyenne d'une planète non homologuée?

Au clair de lune, la masse d'éboulis luisait d'un éclat blanc, semblable au squelette de quelque monstre préhistorique. Là, près de l'à-pic qui dégringolait vers la vallée, les bois s'éclaircissaient et les rochers déchiquetés se silhouettaient sèchement contre le ciel.

Debout devant un épais fragment de rocher, Enoch considérait le cadavre de l'étranger gisant parmi les pierres. Réduit en charpie. Le malheureux, le maladroit, mort si loin de sa patrie – et pour rien!

Ce cerveau, maintenant détruit pour l'éternité, avait abrité des projets sublimes, analogues à ceux qui avaient palpité dans celui d'un Alexandre, d'un Xerxès; un rêve de puissance, cynique et si grandiose qu'il effaçait toutes considérations morales.

Un instant, Enoch tenta d'imaginer ce qu'avait pu être ce rêve, mais il savait qu'il était absurde ne serait-ce que d'essayer de le concevoir.

L'ironie avait voulu que l'échec vînt de ce que, au terme de sa fuite, la créature qui ressemblait à un rat eût emmené le Talisman sur une planète où personne n'aurait pensé que résidât un Sensitif. Il ne pouvait y avoir de doute : Lucy avait été attirée par le Talisman comme le fer par l'aimant. Elle ne savait probablement rien sinon que le Talisman était là, qu'elle devait en prendre possession, que c'était ce qu'elle avait toujours attendu, emmurée dans sa solitude, ignorant la nature de l'objet de son attente et n'espérant même pas que celle-ci serait comblée.

Mais, en réfléchissant mieux, on s'apercevait que ce n'était pas un paradoxe. Pas une coïncidence. Si Lucy avait été attirée par le Talisman, l'inverse était tout aussi vrai : le Talisman avait été attiré par celle qui était prédestinée à en être la gardienne. Non, ce n'était pas un hasard si la créature à l'aspect de rat s'était rendue sur la Terre avec son butin. Elle n'avait pas pu faire autrement. C'était le Talisman qui l'y avait conduite à son insu.

La créature désarticulée comme un pantin au milieu des rocs avait sans doute été un être habile et plein de ressources. Il lui avait fallu beaucoup d'adresse pour dérober le Talisman, pour le dissimuler pendant des années, pour pénétrer dans les archives du Central Galactique et en apprendre les secrets. Aurait-ce été possible si le Talisman avait été en état de marche? Le relâchement moral, la cupidité qui avaient été les moteurs du méfait, auraient-ils pu, alors, se manifester?

Enfin... c'était fini. Le Talisman était retrouvé. Il avait un nouveau gardien – une Terrienne sourde et muette, la plus humble des humaines. Il y aurait la paix et la Terre finirait un jour par rallier la confraternité galactique.

Il n'y avait plus de problèmes. Plus de décisions à prendre. C'était désormais à Lucy, et à elle seule, qu'il appartenait de décider.

La station ne serait pas abandonnée. Enoch allait pouvoir vider les caisses qu'il avait préparées, remettre les registres à leur place sur les étagères. Il allait pouvoir retourner à la base et accomplir à nouveau la tâche qui était la sienne.

Pardon, dit-il, tourné vers le cadavre de l'étranger. *Je regrette que ce soit ma main qui ait accompli cela.*

Il s'approcha du bord de la falaise. Là, la paroi verticale dominait le fleuve. Il brandit bien haut son fusil et le laissa choir au fond de l'abîme. L'arme tomba en tournoyant, l'acier étincelant au clair de lune. Elle disparut au milieu d'un poudroiement liquide.

Il y aurait la paix sur la Terre. La guerre n'aurait pas lieu. Avec Lucy présente à la table de conférence, personne ne pourrait avoir d'idées belliqueuses. Même si certains étaient habités par une terreur et un sentiment de culpabilité si intenses qu'ils se détournaient en hurlant d'effroi de la splendeur rassurante du Talisman, la guerre n'était pas inévitable.

Mais il y avait une longue route à parcourir – longue et solitaire – avant que la paix véritable, la paix radieuse vive dans le cœur des hommes.

Il n'y aurait pas de paix, de paix véritable, tant qu'un homme fuirait en hurlant sa terreur. Il n'y aurait pas de paix dans la tribu humaine tant que le dernier des hommes n'aurait pas abandonné sa dernière arme – quelle qu'elle soit. Un fusil était la plus modeste des armes terriennes, le plus modeste des signes de l'inhumanité de l'homme. Inhumanité dirigée contre l'Homme. Un fusil n'était rien de plus que le symbole de toutes les autres armes encore plus meurtrières qui existaient.

Debout au bord de la falaise, Enoch contemplait le fleuve, contemplait la masse sombre des forêts de la vallée. Maintenant qu'il n'avait plus son fusil, il se sentait les mains étrangement vides mais il avait le sentiment d'avoir passé un seuil – un jour ou un millénaire –, d'être entré dans une ère nouvelle, resplendissante, immaculée, vierge des erreurs passées.

Au-dessous de lui roulait le fleuve mais le fleuve était indifférent. Le fleuve se désintéressait de tout. Il charriait dans son flot aussi bien les défenses du mastodonte que le crâne du tigre aux dents de sabre, la cage thoracique d'un homme qu'une souche morte, un rocher qu'un fusil. Tout lui était pâture. Il engloutissait tout et n'importe quoi sous la vase et sous le sable.

Un million d'années auparavant, il n'y avait pas de fleuve et, dans un million d'années, il n'y en aurait peut-être plus. Mais, dans un million d'années, même si l'Homme n'était plus là, lui non plus, il y aurait au moins une chose... aimante. Voilà le secret de l'univers, songeait Enoch : une chose aimante. Vigilante.

Se détournant, l'homme, à pas lents, se fraya son chemin à travers les éboulis. De petites créatures froissaient les feuilles mortes. De temps en temps, un oiseau jetait son cri. Sur les bois régnait la paix de cette lumière resplendissante. Moins intense, moins profonde, moins merveilleuse que lorsque la lueur était réellement là, peut-être. Mais elle y avait laissé sa trace.

Il sortit de la forêt. La station apparut à sa vue, massive et carrée, et il eut l'impression que ce n'était plus seulement la station mais aussi sa maison. Jadis, ç'avait été son foyer, et rien de plus. Maintenant, c'était un relais sur les routes de la galaxie.

Néanmoins, bien que ce fût toujours une plaque tournante pour les voyageurs de l'espace, c'était à nouveau une demeure.

29

La station était silencieuse, à peine fantomatique. Une lampe brûlait sur le bureau. Au beau milieu de la table basse, la petite pyramide de sphères étincelait de tout son éclat, projetant à la ronde un ballet de lumières multicolores.

Enoch s'immobilisa, indécis. Il manquait quelque chose. Subitement, il prit conscience de ce vide : pendant des années, son fusil avait été là, accroché au mur ou posé sur le bureau. A présent, il n'y avait plus de fusil.

Allons... il fallait se mettre au travail. Défaire les caisses, ranger leur contenu. Tenir son journal. Lire la presse. Oui. Il y avait beaucoup de travail.

Ulysse et Lucy étaient partis depuis une heure ou deux à destination du Central Galactique mais il restait encore quelque chose de la présence du Talisman. Peut-être pas dans la pièce elle-même mais dans l'âme d'Enoch. Une marque indélébile qui ne le quitterait jamais plus.

Il alla s'asseoir sur le canapé en face des sphères et de leur cristallin geyser de couleurs. Il prit l'objet en main puis le reposa lentement. A quoi bon l'examiner une fois de plus? S'il n'avait pas encore percé son secret, à quoi bon espérer l'élucider maintenant?

C'était joli mais inutile.

Il se mit à penser à Lucy. Comment allait-elle? Bien, cela ne faisait aucun doute. Où qu'elle aille, elle serait heureuse.

Au lieu de rester à paresser ainsi, il ferait mieux de se mettre au travail. Maintenant, la Terre tout entière allait faire le siège de sa porte. Il y aurait des conférences, des réunions et Dieu sait quoi encore. Dans quelques heures, les journalistes arriveraient. Mais, d'ici là, Ulysse serait de retour pour l'aider. Et il ne viendrait peut-être pas seul.

Encore quelques minutes de grâce, puis il mangerait un morceau et se mettrait à l'ouvrage. Avant le jour, il aurait abattu pas mal de besogne.

On travaille bien, la nuit, quand on est seul. Et,

maintenant, il était seul. Mais pas seul comme il l'était encore quelques heures plus tôt à peine. Maintenant, il avait la Terre, il avait la galaxie. Et Lucy et Ulysse et Winslowe et Lewis et le vieux philosophe qui reposait dans le verger aux pommiers.

Enoch se leva et prit, sur le bureau, la statuette que Winslowe avait sculptée à son intention. La tenant sous la lampe, il la fit lentement tourner entre ses mains. Ce personnage luttant contre le vent était le symbole même de la solitude.

Oui... marcher... marcher seul... Il n'y avait pas d'autre solution.

Enoch reposa la statuette. Soudain, il se rappela qu'il n'avait pas donné au facteur le bloc de bois que le Thubain lui avait apporté. A présent, il allait pouvoir dire à Winslowe d'où provenaient toutes ces essences. Ensemble, ils compulseraient les journaux de bord pour retrouver la date et l'origine de chacun de ces cadeaux. Voilà qui ferait plaisir au vieux.

Il y eut un bruissement soyeux et Enoch se retourna vivement.

– Mary!

Elle se tenait à la limite de l'ombre et de la lumière. Les éclairs polychromes ruisselant de la pyramide de sphères lui donnaient un aspect féerique. Le terme était bien choisi, songea Enoch avec affolement : son royaume des fées était de retour!

– Il a fallu que je vienne, dit-elle. Vous étiez solitaire, Enoch, et je ne pouvais pas rester loin de vous.

Elle ne pouvait pas rester loin de lui! C'était peut-être vrai. Le conditionnement qu'il lui avait imposé comportait, ce n'était pas impossible, un irrépressible besoin de revenir lorsqu'il avait besoin d'elle.

C'était un piège auquel ni elle ni lui ne pouvait échapper. Aucun libre arbitre : rien que la mortelle précision de ce mécanisme aveugle qu'Enoch avait ajusté de ses propres mains.

Elle n'aurait pas dû venir, et sans doute le savait-elle, mais elle n'avait pas pu s'en empêcher. En irait-il toujours ainsi? Eternellement?

Tandis qu'il la contemplait, comme paralysé, déchiré par le besoin qu'il avait de sa présence en même temps que torturé par la conscience qu'il avait de la creuse irréalité de Mary, celle-ci avança vers lui.

Elle avançait. Plus près. Toujours plus près. Dans une seconde, elle allait s'arrêter car elle connaissait les règles du jeu tout aussi bien qu'Enoch : elle ne pouvait pas plus que lui accepter l'illusion.

Mais elle ne s'arrêtait pas. Elle était si proche, à présent, qu'Enoch respirait le parfum qui émanait d'elle. Elle tendit la main et la posa sur le bras de Wallace.

Ce n'était pas une caresse d'ombre. Ce n'était pas une main d'ombre. Enoch sentait la pression des doigts sur sa chair. Il sentait leur fraîcheur.

Mary s'était immobilisée, rigide, la main toujours sur le bras d'Enoch.

La pyramide, songea-t-il. Les sphères lumineuses.

A présent, il revoyait celui qui lui avait apporté ce cadeau. C'était un membre d'une de ces races aberrantes du système d'Alphard. Et c'est par l'étude de la littérature d'Alphard qu'Enoch s'était initié à l'art thaumaturgique. C'était pour essayer de l'aider que les gens d'Alphard lui avaient fait cadeau de la pyramide de sphères. Seulement, il n'avait pas compris. Les malentendus étaient fréquents dans cette Babel qu'était la galaxie.

Car la pyramide était un engin à la fois prodigieux et simple : c'était l'illusion, qui donnait au royaume des fées la dimension de la réalité. On façonnait la chose que l'on souhaitait, puis on mettait la pyramide en marche et cette chose perdait son caractère d'illusion pour entrer de plain-pied dans le domaine du concret.

Néanmoins, songeait Enoch, néanmoins, dans quelques cas, on ne pouvait pas se duper soi-même. On savait, quelle que fût la réalité apparente de l'illusion créée, qu'il ne s'agissait jamais que d'une chimère.

Enoch fit un geste pour toucher Mary mais celle-ci retira sa main et, lentement, recula.

Dans le terrible silence de la pièce – ce silence qui était celui-là même de la solitude – qu'animait seul l'arc-en-ciel tournoyant de la pyramide, Enoch et Mary, face à face, se dévisageaient.

– Je suis navrée, murmura la jeune femme. Ce ne pourrait qu'être nuisible. Il ne nous est pas possible de nous abuser.

Il ne dit rien. Honteux de lui-même, il se sentait incapable d'ouvrir la bouche.

– Il y a longtemps que j'attends ce moment, reprit Mary. Longtemps que j'y pense. Que j'en rêve.

– Moi aussi, murmura Enoch. Je n'avais jamais cru que cela arriverait.

Evidemment... Cela ne pouvait pas se produire, ce n'était qu'un rêve romanesque et irréalisable. D'autant plus romanesque, peut-être, qu'il était hors d'atteinte.

– Comme si une poupée devenait vivante, poursuivit Mary. Ou un ours en peluche. Je suis navrée, Enoch, mais vous ne pourriez aimer une poupée ou un ours en peluche devenus vivants. Vous vous souviendriez tout le temps de ce qu'ils étaient avant. La poupée avec son sourire peint, tout bête; l'ours qui perdait son rembourrage...

– Non! s'exclama Enoch. Non!

– Pauvre Enoch! Vous allez tellement souffrir! Je voudrais qu'il fût en mon pouvoir de vous aider. Vous allez devoir vivre si longtemps avec cette peine...

– Mais vous? Vous? Qu'allez-vous devenir, maintenant?

C'était elle qui avait eu le courage qu'il fallait pour regarder les choses en face.

Comment avait-elle deviné? Comment avait-elle su?

– Je vais partir et je ne reviendrai pas, Enoch. Même si vous avez besoin de moi, je ne reviendrai pas. Il n'y a pas d'autre moyen.

– Mais vous ne pouvez pas partir. Vous êtes prise au même piège que moi.

– Comme c'est étrange ce qui nous est arrivé, fit-elle.

– Tous les deux victimes d'une illusion...

– Non! Pas vous!

Elle hocha gravement la tête.

– Si. Moi aussi. Vous ne pouvez pas plus aimer la marionnette que vous avez façonnée que je ne puis aimer, moi, le fabricant de marionnettes. Cependant, nous avons pensé l'un et l'autre que ce serait possible, nous le pensons encore et nous avons des remords, nous sommes malheureux parce que nous nous apercevons que ce ne l'est pas.

– Nous pouvons essayer. Si seulement vous restiez...

– Pour que je finisse par vous haïr? Et, pire encore, que vous me détestiez? Conservons nos remords et notre détresse. C'est encore préférable à la haine.

Elle secoua la tête, s'éloigna d'un mouvement vif et se saisit de la pyramide de sphères qu'elle souleva.

– Non, Mary! Non! Pas cela!

La pyramide décrivit dans l'air une courbe chatoyante avant de s'écraser contre la cheminée.

Les éclairs multicolores s'éteignirent. Quelque chose – du verre? du métal? de la pierre? – tinta sur le plancher.

– Mary! hurla Enoch en se ruant en avant.

Mais il n'y avait plus personne.

– Mary! répéta-t-il dans un sanglot.

Elle s'en était allée et ne reviendrait plus. Même quand il aurait besoin d'elle.

Dans l'ombre silencieuse, il avait l'impression d'entendre s'élever la voix de toute une vie – une vie longue d'un siècle. Tout est pénible, disait-elle. Rien n'est facile.

Il y avait eu la jeune paysanne qui habitait de l'autre côté de la route; il y avait eu la belle Sudiste qui l'avait suivi du regard tandis qu'il passait devant sa porte. Maintenant, c'était Mary. Toutes disparues à jamais.

Des yeux il fit le tour de la pièce. A l'endroit même où il se tenait, dans le coin, se trouvait jadis la cuisine; là-bas, à l'emplacement de la cheminée, le salon. Tout avait été transformé. Tout avait changé, et depuis bien longtemps. Mais Enoch revoyait la cuisine, revoyait le salon comme s'ils étaient encore là la veille.

Le temps avait fui. Les êtres aussi.

Il n'y avait que lui qui restait.

Il avait perdu son univers. Il lui tournait le dos.

Mais il en allait de même pour tous les êtres vivants. Peut-être ne le savaient-ils pas mais ils avaient, eux aussi, tourné le dos à leur univers. Rien ne serait plus jamais comme avant. Dire adieu à tant de choses, à tant d'amour, à tant de rêves!

– Adieu, Mary, murmura-t-il. Pardonne-moi. Que Dieu te protège.

Enoch s'assit devant la table. Il prit le registre qui se trouvait en haut de la pile, l'ouvrit et se mit à le feuilleter. Il fallait qu'il tienne son journal. Il avait un travail à faire. Et, à présent, il était prêt à le faire.

Enoch Wallace avait prononcé son dernier adieu.

847

Achevé d'imprimer en Europe (France)
par Brodard et Taupin à La Flèche (Sarthe)
le 7 mars 1997. 6623R-5
Dépôt légal mars 1997. ISBN 2-290-00847-8
1er dépôt légal dans la collection : mai 1978

Éditions J'ai lu
84, rue de Grenelle, 75007 Paris
Diffusion France et étranger : Flammarion